スタニスラフスキーとヨーガ

STANISLAVSKY AND YOGA

セルゲイ・チェルカッスキー＝著
Sergei Tcherkasski

堀江新二＝訳
Shinji Horie

未來社

STANISLAVSKY AND YOGA

日本の読者へ

スタニスラフスキーの『俳優の仕事』を日本で初めてロシア語から完全な姿で翻訳し（本書の翻訳者で私の友人でもある堀江新二氏などの共訳）出版した未來社から、私の著作『スタニスラフスキーとヨーガ』を出版したいとの申し出があったとき、日本での出版にさいして、少し学術とはかけ離れた前書きを書きたいという願望が沸々と湧き上がった。日本に対する私の愛を語りたいと思ったのだ。富士山の頂上で朝日を拝むために、ヘルメットに付いたランプを頼りに長時間登山した暗黒の夜のこと、東照宮の永遠を感じさせる透かし彫りを前に、ただただ感動で動けなかったときのこと、京都の竜安寺で携帯電話を手にした騒がしい修学旅行生たちに静かにしてくれと頼み、彼らが去ったあと、意外にも一人残された私のそばに緑色の小さなカマキリが止まって、あたかもなにか重大なことを私に語りかけたいかのようにお辞儀をしていた夕方の石庭。そんな思い出を……。しかし、学術書の前書きにこういった文章がふさわしいだろうかと、自問する。いや、何かへの愛を語ることは、きっとふさわしいに違いない。演劇や芸術が愛なしには語りえないのと同じように……。

日本の演劇人とロシアの演劇人が、相手の演劇芸術にそれぞれ大いに関心をもち、また感動するのは、両国の舞台芸術のあまりにかけ離れた「違い」からくるものだろう。しかし、一方でこのような「違い」を超えて、日本とロシアの演劇人は相手の芸術から実に多くのことを学んでもいる。

たとえば、スタニスラフスキーはまだ駆け出しの俳優だったとき、音楽劇『ミカド』を演じるため、一八八六年から八七年にかけての冬のあいだずっと日本人のサーカス芸人カワナ・シアタロ☆1のところでいろいろな教えを受けている。もちろん、当時の東洋へのエクゾチズムもあったことだろう。スタニスラフスキーは、日本の芸人たちの造形的で洗練された表現力に感動している。『芸術におけるわが生涯』には、数か月にわたるレッスンのあと、スタニスラフスキーたちが学んだことがこう記されている。「私たちは右や左の横顔を見せながら、リズムに合わせてかかとでまわることや、体操家のように膝をぺったり折って床に坐ることや、拍子をとって小足でちょこちょこ走ったり、跳ねたり、コケティッシュに小刻みの足さばきをしたりすることができた。婦人たちの何人かは、とうとう、踊りの拍子にあわせて、扇をぽんと前へ投げ、それがくるっと半円を描いて飛びながら、他の踊り手、歌い手の手へ落ちるようにするコツまで習得した。私たちは扇を手玉にとったり、肩越しや、足をくぐらせて投げあったりすることをおぼえた。要するに――扇をつかう日本式ポーズを例外なしに全部ものにできたわけで、それをもとに身ぶりの全音階が各場面ごとに組み立てられ、ちょうど音楽の楽譜のように総譜に書きこまれた☆2」

日本的な習慣や文化に惹かれながらも、スタニスラフスキーが気づいた主要なことは、日本の芸人たちの身体能力であり、その日常の訓練方法であった。彼は、舞台俳優の育成にとってこういった修練がいかに大事であるか強調している。

一方、一九一二年に日本の若き演出家小山内薫がモスクワ芸術座の芝居を連日見ては、スタニスラフスキーやダンチェンコの演出を細かくメモしていた(のちに彼は自由劇場で『どん底』を演出する)のは、彼がロシアの生活で知った事物があまりにも目新しいものとして彼を惹きつけたからである。そして、のちに日本での上演のために衣裳だけでなく椅子や机もロシアから取り寄せることになる。それほど二〇世紀初頭のロシアと日本の生活様式はかけ離れた

☆1　この日本人については諸説あり、モスクワ芸術座付属博物館に残されている日本人サーカス団のチラシには「ササキ・ショウタロウ」と書かれており、またスタニスラフスキー家博物館には「ショウタロウ・カワナ」と裏書きされた日本人の写真が見つかっている。ササキかカワナか、「家博物館」でカワナの写真を発見した「海外の日本人サーカス」研究の大島幹雄氏の今後の研究を待ちたい。

☆2　スタニスラフスキー『芸術におけるわが生涯』蔵原惟人他訳、岩波書店、一四八頁参照。

ものであった。同時に小山内は、スタニスラフスキーが人間の自然、心と身体の客観的法則をベースに、特定の時代や国、特定のスタイルやジャンルを超えるものとして確立した「演技の文法」、いわゆるスタニスラフスキー・システムの普遍性にも気づいていた。小山内がスタニスラフスキー・システムのなかに自分に馴染みのものを見つけ、それが世阿弥元清の芸論であったと気づいたときの驚きはいかほどであったろう。スタニスラフスキーは「私のシステムはあらゆる民族のためのものだ。どんな人間もその自然は同じであり、違うのはその適応である。私の《システム》は、適応には触れていない」[☆3]と書いていたことを思い起こそう。

また日本の歌舞伎の初めての海外公演となった市川左団次一座の芝居が、一九二八年モスクワとレニングラードで上演されたとき、ロシアの演劇人たちは、一七世紀からの伝統的な日本の芸術を堪能しただけでなく、そこから学び、研究もした。スタニスラフスキーの弟子とも言うべきメイエルホリドは、歌舞伎の「花道」や「黒子」などの手法を取り入れたし、女形を使ってもいる。誰よりもこの巡業公演から影響を受けたのは、メイエルホリドの弟子である映画監督エイゼンシュテインだった。すでに世界じゅうから高い評価を受けていた『戦艦ポチョムキン』を世に出していた彼は、歌舞伎観劇ののち「思いがけぬ接触」という論文を書き、中世の日本の伝統演劇の時空を超えた構造を自分の映画の手法、いわゆる「アトラクションのモンタージュ」やポリフォニックな映像スタイルに取り入れた。

一〇年ほど前、私が初めて日本の俳優たちと会う機会が訪れたとき、私は、日本人のメンタリティの特殊性に関する本で、手に入るものはすべて目を通した。それらの本は、日本人の「謎めいた」、「内向的な」性格や外国人には理解できない「態度」について述べ、日本人の「イエス」は、場合によって「ノー」の丁寧な表明でもあると説明し、日本に行くなら、他の惑星に飛び込むような覚悟をもつように書いてあった。そして実際、東京の夜の町中でたまま地図を持たずに佇んだとき、掲示板や標識では方向がまったくわからず、初めて体験する言葉と生活のリズムに心が動転した私は、多くの国々を旅して初めてのショックを感じていた。

ところが、ワークショップの部屋に入ったとたんに、私は「我に返り」、自国へ戻ったような感じがした。劇団昴の俳優たち、日本演出家協会の演出家たち、あるいはJOKO演劇学校、新国立劇場の演劇研修所や桐朋学園大学の学生たちとの初めての出会いは、私の不安をすべて消し去ってくれた。日本の俳優や学生たちは、与えられたトレーニングの課題に、ロシア人と同様の反応を示したし、同じようによく笑い、同じように夢中になり、同じように失敗した。私は、英語やロシア語でレッスンをしたが、もう動き出したら、私たちは共通の言語——演劇語で話し始めていた。

この瞬間、私は、俳優という職業を目指す根底には、自分自身の人生を押し広げ、他の人の人生を生きてみたいという消し難い欲求があり、その運命がこの人たちの性格を作っているの

☆3　スタニスラフスキー『俳優の仕事』第三部「俳優の役に対する仕事」未來社、二〇〇九年、四四七頁参照。

だとあらためて痛感したのだった。それが、異なった言語を話し、異なった習慣をもっている彼らを「俳優」というひとつの特殊な民族に属しているかのような似通った存在にしているのだろう。しかも、この驚くべき共通性にもかかわらず、自分自身の文化の豊かさを決して損なうことはないのだ。

スタニスラフスキーの年代記には、小山内薫が一九一三年の新年をスタニスラフスキーの家で迎えたと短い記述が残っている。私は演出家なので、戯曲の〈与えられた状況〉がたとえ一行の短いものであれ、その細部を想像する習慣を身につけている。スタニスラフスキーが言っているではないか、私たちの仕事にとって、理解するとは、感じることだと……。

私は、想像する。一九一二年の一二月三一日の夜、雪のモスクワの街。モスクワ芸術座のその日の演《だ》し物、ツルゲーネフの『村の女』がはねて、客たちが劇場から出て、大晦日の喧噪のなかを去っていく。リュービン伯爵を演じたスタニスラフスキーはメイクを落とし、家路に付く。カレートノイ・リャド通りの自宅には飾りのついたクリスマス・ツリーがあって、そのそばで妻のリーリナや娘、息子が彼を待っている。もう、モスクワ芸術座の俳優たちが、ぽつぽつと集まり始めている。アントン・チェーホフの妻オリガ・クニッペル＝チェーホヴァ、モスクヴィン、ミハイル・チェーホフ……。そこに、この二週間一本も欠かさずモスクワ芸術座の芝居を見続けてきた日本の若い演出家もやってくる。スタニスラフスキーに個人的に招待されたのだ。日本式のお辞儀。お互いの自己紹介。またお辞儀……。客たちの陽気な笑い声。ジョークが飛び交う。会話は、スレルジツキーとは英語で、その他の俳優たちとは片言のドイツ語で……。柱時計が夜中の一二時を打つ。シャンペンを開ける音……。俳優たちの余興……。スタニスラフスキーと小山内は何を話したのだろう？　もちろん、ゴードン・クレイグとスタニスラフスキーの共作でその年に上演された『ハムレット』の話が出たことは間違いない。そしてモスクワ芸術座の俳優術について……。スタニスラフスキーは、日本の演劇についてきっと小山内に質問しただろう。日本の俳優の演技術については訊いたろうか？　ヨーガについては？　もしかしたら、その日の客のなかに、スタニスラフスキーの息子の家庭教師で、ペテルブルグの仏教学校でチベット医学を学んでいた医学生デミードフはいなかったろうか？　彼こそまさに演技に関するスタニスラフスキーの心身論が、ヨーガの古典的な教養と相通じるものがあると指摘した張本人なのだ……。ちょうどこの一年、スタニスラフスキーはいくつかのヨーガの本を読みこんでいた。さらに、そばにスレルジツキーがいたなら（二週間後の一月一五日にモスクワ芸術座第一研究所で彼の芝居が上演される予定だった）、日本からの客人に、東洋の呼吸法やリラックスの手法、ヨーガの瞑想のことなど、たてつづけに質問していたにちがいない。

私たちは、この一〇〇年以上前の大晦日の夜のことを、〈ヴィジョンのフィルム〉（スタニスラフスキーの用語）で再生しながら、想像する以外にない。[☆4]　しかし、私は、スタニスラフスキーと小山内がきっとヨーガの話をしたに違いないと思っている。本書は、それからちょうど一〇〇年後に書かれたものだ。そしてこれを読んでいただければ、ロシアと日本の偉大な演劇人が一〇〇年前に、どんな話をした可能性があるか、よくおわかりいただけると思う。西洋と東洋の心身論の統合、俳優の仕事における自然の法則の普遍性――これが、本研究における私のもっとも重要なテーマである。そして、いま、それを深い尊敬と愛情をもって日本の読者に捧げられることを無上の喜びに思う。

二〇一五年三月　サンクト・ペテルブルグにて　　セルゲイ・チェルカッスキー

☆4　小山内薫自身がこの大晦日のことを「ロシアの年越し」（『小山内薫演劇論集』第三巻、未來社、一九六五年）に書いている。このエッセーでは大晦日の夜のことが実に生き生きと語られているが、残念ながら小山内とスタニスラフスキーが「ヨーガ」について語りあったかどうかは不明である。

凡例

行間註の★は著者による原註、☆は訳者による訳註である。

著者より（ロシア語版序文）

スタニスラフスキーは、自分が作り出している「演技の文法」[★1]が、彼以前にシェイクスピアやディドロ、レッシングがそのおりおりに「俳優たちへ助言」してきた言葉をすべて合わせたものよりもはるかに大きなシステムになるだろうと確信していた。そこから、一〇〇有余年の歳月が流れた。当時その「演技の文法」を作成することこそ、彼の人生の最大の目的になっていた。

俳優の創造活動における自然の法則をシステム化する試み、創造的な自己感覚の諸要素をまとめたシステムを探求する試みにとりかかる必要があった。こうして、一九〇九年六月に書かれたスタニスラフスキーの原稿に初めて《システム》という用語が登場する。[★2]モスクワ芸術座付属博物館に保管されているスタニスラフスキーのノート三冊分を読むと、《システム》が書かれていったプロセスがわかるし、俳優の創造的自己感覚の諸要素の全体像が明らかになる

（これらは鉛筆書きのメモだが、一〇〇年以上たってもまったく色あせずに残っている。おそらく利用者も少ないのだろう）。

この《システム》は初めの三〇年間、その「生みの親」のもとにあり、そこで大きく、大胆に育てられ、姿を変えていった。これが、今日多くの人が、初期スタニスラフスキーと後期スタニスラフスキーを対置させる必要があると考え、晩年の一九三〇年代にスタニスラフスキーが発見、開発したことこそが《システム》の本質であると考える大きな要因になっている。そのさい、「初期スタニスラフスキー」という概念自体にある種のマイナス評価がついてしまい、「未熟な」という言葉と同義語になってしまった。初期（一九一〇年代）の《システム》は、あたかも後期に取り消されるものとして、初歩的な経験、若気の至りと理解され、寛大に扱われた。また、ここにはイデオロギー的な側面もあった。すなわち、一九一〇年代のスタニスラフ

★1　「私には、なにか演劇芸術の文法とか、実践的な準備のための課題といったものが目の前に浮かんでいる」と、スタニスラフスキーは一九〇二年六月二〇日付のプシュカリョヴァ＝コトリャレフスカヤあての手紙に書いている（スタニスラフスキー九巻選集、第二巻、モスクワ、一九八九年、四九八―四九九頁）。

★2　《システム》という用語が初めて登場したのは、一九〇九年六月に書かれた『論文の構想――私のシステム』においてである（モスクワ芸術座付属博物館、スタニスラフスキー保管文書 No. 628、46-48リスト）。なお、スタニスラフスキー自身、システムという言葉については、さまざまな表記を使っている。《システム》、大文字のシステム、「システム」などなど……。本書では、スタニスラフスキー・システムあるいは、ただ《システム》と表記する。ただし、スタニスラフスキー本人の著作からの引用に関しては、そのままの表記に従う。

スキーの誤りは、ブルジョワ科学と観念論の影響のせいであり、それはソヴィエト時代になってやっと克服された、という考え方である。

スタニスラフスキーの新しい著作選集（九巻選集）[☆1]の第二巻目が出版された一九九一年にスメリャンスキー[☆2]は、こう書いた。「いまだに〈身体的行動の方法〉と《システム》の相関関係の問題が解明されたとはとても言えない（学者たちは、〈身体的行動〉という用語に、心理・身体行動の方法としても、また行動分析の方法としても、三〇年代のスタニスラフスキーの発見全体が示されていると考えた――筆者）[☆3]。また、こういった見方もある。すなわち、〈身体的行動の方法〉が三〇年代以前にスタニスラフスキーが作り上げてきたことの発展的補足ではなく、俳優・演出家の創造の自然に関する彼の考え方の質的転換である、という見方だ。さらにこういった見解もある。それは、スタニスラフスキーの晩年の実験が、《システム》の精神と深くかかわっているという考えだ。すなわち、俳優の心と体の創造へと導く新しい〈呼び水〉、間接的な方法と深く関連しているという考え方だ[★3]」

そのときから、さらに二〇年の歳月が流れた。しかし、演劇に実践的に関わっている者たちのあいだでこの問題は、相変わらず明白な理解を得られてはいない。その原因は、お粗末なほど単純である。一九一〇年代にスタニスラフスキーが取り組んだ初期段階の《システム》形成、演技術の基礎的探求を扱う学術的・方法論的研究があまりにも少ないという事実だ。初期と後期の《システム》の弟子たちのリスト、つまりモスクワ芸術座・第一研究所[☆4]時代と晩年のオペラ・ドラマ研究所[☆5]のころのスタニスラフスキーの弟子たちのリストを比べてみれば、さらに驚かざるを得ない。第一研究所でスタニスラフスキーとスレルジツキー[☆6]の授業を受けていたのは、ワフタンゴフ[☆7]、ミハイル・チェーホフ[☆8]、スシケヴィチ、ボレスラフスキー[☆9]、アレクセイ・ポポーフ、ギアツィントヴァ、ウスペンスカヤ[☆10]、ビールマン、ヂーキーなどなど。要するにここに

★3　スメリャンスキー『職業としての俳優』、スタニスラフスキー九巻選集、第二巻、一九九二年、二九頁。

☆1　ロシア語版のスタニスラフスキー著作集は、一九五四年から一九六一年（社会主義時代）にかけて出版された八巻選集と一九八八年から一九九九年（主としてソ連崩壊後）にかけて出版された九巻選集とがある。本書では前者を〈八巻選集〉、後者を〈九巻選集〉と表記する。またこの九巻選集の二、三、四巻は日本語訳（『俳優の仕事』全三部、堀江他訳、未來社）から出ている。それは、第一部「体験の創造過程における自分に対する仕事」、第二部「具象化の創造過程における自分に対する仕事」、第三部「俳優の役に対する仕事」である。なお、本書内のこの部分の訳は、すべて未來社刊の翻訳を基に、一部手直しをして引用している。

☆2　スメリャンスキー（アナトリー）一九四二年生。演劇学者。一九九七年よりモスクワ芸術座副芸術監督。二〇〇〇年からモスクワ芸術座付属演劇大学学長。

☆3　本書の著者（チェルカッスキー）の文中の註は、以下、「筆者」で表記する。

☆4　スタニスラフスキーは、演技術の研究開発のためにモスクワ芸術座の付属として九つの研究所（スタジオ）を設けている。第一研究所は、一九一二年の創立。いわゆるスタニスラフスキー・システムを作成するための、実験的な研究所として発足したが、後にロシアに限らず、欧米で活躍する若い俳優たちが集まった。

☆5　一九三五年にスタニスラフスキーが創立したオペラ歌手のための演技訓練所。のちに、これが発展してボリショイ・オペラに次ぐスタニスラフスキー・ダンチェンコ記念バレエ・オペラ劇場に発展する。

はロシアのみならず、世界の舞台で活躍した名優たちが名を連ねている。それにひきかえ、オペラ・ドラマ研究所の弟子たちの名前を、専門家以外でだれがあげられよう。それに、スタニスラフスキーの初期の弟子たちが、晩年の彼の思想を理解し取り入れようとしたことは、特筆すべきことだ（アレクセイ・ポポーフは〈行動分析〉の方法の専門家の一人になったし、アメリカに渡ったボレスラフスキーは、第一研究所で学んだことから離れ、独自に一九三〇年代のスタニスラフスキーの理論に近づいている）。ところが、彼の晩年の弟子や同僚たちは、スタニスラフスキーの初期の実験に目も耳も塞いでしまった（そのいい例が、ケードロフだ）。[☆11]

私自身、多くの演劇人の意識に根づいてしまった単純な図式と何度も闘わざるを得なかった。それは、前期のスタニスラフスキーがあり（《システム》の主たる要素は、情緒的記憶にあるとする）、後期スタニスラフスキーがあり（《システム》の主たる要素は、行動であるとする）、結果的に後期が前期を否定した、という図式である。しかし、研究が明らかにしているのは、初期にしかなかったと見なされたスタニスラフスキーの思想が、後期の《システム》にも一貫して存在しているということである。このことは「心身文化全体」にかかわる問題として、初期スタニスラフスキーの《システム》を再検討する可能性を与えてくれる。[★4] そしてそこから得られる結論は、スタニスラフスキー・システム形成の初期段階が本質的に、《システム》全体の基盤となる時期であり、《システム》の、また現代の俳優術においても否定できない構成部分であるということだ。この結論は、現代の演劇教育において、「初期スタニスラフスキーに向かって、前進！」とスローガンを掲げたくなるほど重要であると筆者には思えるのだ。

初期のスタニスラフスキー・システムの詳細な研究は、文書保管室の机の上でも、また演劇大学のクラスでもまだ始まったばかりだ。アダーシェフ学校[☆12]の活動が書かれた文書（スタニスラフスキー・システム以前のスタニスラフスキー・システム）にも目を通す必要があるし、モ

★4　チェルカッスキー『一九二〇年―一九五〇年におけるボレスラフスキーとストラスバーグの演出・教育活動――スタニスラフスキー・システム発展の試みとして』二〇一二年、サンクト・ペテルブルグ演劇アカデミーにおける芸術学博士論文、参照。

☆6　スレルジツキー（レオポルド）一八七二―一九一六年。作家トルストイと親しい間柄で、その平和主義のため徴兵を拒否して、流刑にあったり、トルストイの命を受け、ドゥホボール派の信者をカナダへ移住させるなど、世界を転々として、一九〇六年からモスクワ芸術座のスタニスラフスキーの助手を務める。

スタニスラフスキーとスレルジツキー、そしてヨーガについては、「演劇における感情の伝達をめぐって：スタニスラフスキー・システム形成過程についての一考察」（楯岡求美著『国際文化研究』神戸大学国際部化学研究科紀要三五、二〇一〇年）という先駆的研究がある。

☆7　ワフタンゴフ（エヴゲニー）一八八三―一九二二年。モスクワ芸術座の一員でスタニスラフスキーの愛弟子。心理主義的で繊細な描写から大胆な構成主義的舞台表現まで天才的な演出家として活躍した。代表作に『トゥランドット姫』（一九二二年）。

☆8　チェーホフ（ミハイル、あるいはマイケル）一八九一―一九五五年。劇作家アントン・チェーホフの甥。モスクワ芸術座に入団後ワフタンゴフとスタニスラフスキーの第一研究所で活躍。天才的なハムレット役者といわれた。一九二八年ドイツ、イギリス滞在を経て、一九三八年にアメリカに亡命、スタニスラフスキー・システムをハリウッドの俳優たちに伝える。

スクワ芸術座第一研究所における教育活動にも注意を集中する必要がある（芝居の作られてきた歴史やその芸術的分析ではなく、まさに教育活動の過程を研究すること）。

それに劣らず重要なのは、アメリカのラボラトリー・シアターにおけるボレスラフスキーとウスペンスカヤの授業や、初期のスタニスラフスキーの考えを逆説的な意味で新しい段階へと押し上げたグループ・シアターやアクターズ・スタジオのストラスバーグの教育に目を向けることだ。今日興味深いのは、スタニスラフスキー・システムのベースとなる諸要素の総合的研究である。それは、さまざまな情緒的（感情的）記憶の研究であり、どんなタイプの人がどこまでその記憶を活かす能力をもっているかの研究であり、それを発展させる現代の方法論の探求である。こういった共同の研究が近い将来実現するだろうと信じたいものだ。

本研究は、たったひとつの、しかし《システム》のきわめて重要な源泉をテーマにしている。それは、多くの点で《システム》の初期を形成し、その後の《システム》の発展を根本的に決定づけた古代インドの哲学教義（その発祥は紀元二〇〇〇年以上前と言われる）、ヨーガの教えと実践である。

しかし、この「スタニスラフスキーとヨーガ」というテーマは、二〇世紀の俳優教育に対するヨーガや東洋の心理的テクニックの影響を研究するより広いテーマのほんの一部にすぎない。そしてまだまだ今後の研究が期待されるテーマである。そしてこの研究は世界的な理論家や実践家たちの創造的な成果を踏まえて行なわれる必要がある。それは、グロトフスキ[☆13]、バルバ[☆14]、シェクナー[☆15]、ブルック[☆16]などの活動である。まさに、スタニスラフスキーとその《システム》の創造的な活動は、演劇文化と俳優教育の分野での東西の対話に基礎を置いていたのである。

同時に強調したいのは、スタニスラフスキー・システムによる俳優教育と何世紀にもわたる

☆9　ボレスラフスキー（リチャード）　一八八九―一九三七年。モスクワ芸術座の一員。一九二〇年に海外へ出て、一九二五年の同劇場アメリカ公演に参加。のちにウスペンスカヤとニューヨークにラボラトリー・シアターを結成。ストラスバーグ、アドラーなどにスタニスラフスキー・システムを伝える。四七頁の★26参照。

☆10　ウスペンスカヤ（マリヤ）　一八七六―一九四九年。一九一七年モスクワ芸術座入団。一九二三年、同劇場のアメリカ巡業のあとニューヨークに残り、ボレスラフスキーとスタニスラフスキー・システムの普及に努める。

☆11　ケードロフ（ミハイル）　一八九三―一九七二年。一九二四年にモスクワ芸術座に入団。一九四四年から一九五五年にモスクワ芸術座の主席演出家。スターリン時代にモスクワ芸術座を率いた。

☆12　一九〇六年から一〇一三年に俳優アダーシェフが開いた演技教育のための私立学校。アダーシェフはモスクワ芸術座の創立メンバーの一人。この学校でワフタンゴフやミハイル・チェーホフが学んでいた。ここでスタニスラフスキーはシステム開発に初めて取り組んでいる。

☆13　グロトフスキ（イェジュイ）　一九三三年生。ポーランドの演出家。「持たざる演劇」を提唱し、スタニスラフスキー・システムを発展させて、様式的・儀式的演劇を実験劇場で展開。P・ブルックなどに大きな影響を与えた。『実験演劇論――持たざる演劇めざして』（大島勉訳、テアトロ、一九七一年）参照。

☆14　バルバ（ユージェニオ）　一九三六年生。グロトフスキと演劇実験をともにし、一九六四年ノールウェイのオスロでオーディン劇場を立ち上げる。演劇人類学と名づけた彼の演劇理論はスタニスラフスキーからメイエルホリド、インドや日本の舞踊、中国の京劇も含んだ身体表現となっている。『俳優の解剖学――演劇人類学事典』パルコ出版、一九九五年、参照。

ヨーガの相互関係を理解することが、ただたんに演劇教育の分野だけにとどまらず、あらゆる創造的《クリエイティヴ》活動の基本的な問題、さらには現代の人間の自己完成における心理的・身体的活動の諸問題にも光を当てることになるだろう、ということだ。

☆15　シェクナー（リチャード）一九三四年生。アメリカの演出家、演劇研究者。環境演劇論を提唱。いわゆるハプニングやパフォーミング・アーツ全般に演劇を押し広げた。『パフォーマンス研究——演劇と文化人類学の出会うところ』人文書院、一九九八年、参照。

☆16　ブルック（ピーター）一九二五年生。戦後の世界の演劇を代表する演出家。ロイヤル・シェイクスピア劇場を経て、パリの国際演劇研究センターを設立。著書に『なにもない空間』（晶文社）など。彼の演出で一九七三年日生劇場などで上演されたロイヤル・シェイクスピア劇場の『夏の夜の夢』は日本の演劇人にとって、モスクワ芸術座の日本公演（一九五八年）に匹敵する衝撃的な出来事になった。

スタニスラフスキーとヨーガ　目次

第3章　スタニスラフスキー・システムにおけるヨーガの要素

装幀——岸顯樹郎＋FLEX

スタニスラフスキーとヨーガ

はじめに

一九三〇年、スタニスラフスキーは、『俳優の仕事』の原稿がほぼ完成したときに、編集者のグレーヴィチ[☆1]にこう書いている。「私が思うに、この本の一番危ないところは〈人間の精神活動の創造〉の部分だ（精神について述べてはいけない）。もうひとつは、無意識、放射、吸収、そして心といった単語だ。これらのせいで、この本は発禁にならないだろうか？」[★1]

スタニスラフスキーが、恐れていたのにはわけがある。一九二〇年代末からモスクワ芸術座を文化全般の公けの見本として、模範的な劇場に変えようと政治的な圧力が加えられていたか

★1　スタニスラフスキー、一九三〇年一二月二三日付グレーヴィチ宛ての手紙、スタニスラフスキー八巻選集、第八巻、モスクワ、一九六一年、二七七—二七八頁。

☆1　グレーヴィチ（リュボーフィ）一八六六—一九四〇年。演劇学者。晩年のスタニスラフスキーの口述筆記を行ない、スタニスラフスキー選集の編集にあたった。

らだ。スターリンのイデオロギーは、モスクワ芸術座を「社会主義リアリズム」の拠点とすることであった。スタニスラフスキーの著作を検閲する委員会が設置され、原稿から唯物論哲学、弁証法的唯物論に合致しないすべての表現を削除するよう指示が出されていた。

スタニスラフスキーはみずから自己規制をかけるほかなかった。たとえば、〈感情的記憶 Affective Memory〉という単語は削除する必要があった。「いまこの単語は、否定され、新しいものには変えようがない」と、《システム》の著者は述べ、「しかし、これを表わすなんらかの言葉がわれわれには必要だ！」と、ほとんど悲鳴に近い声を上げている。こうして、〈感情的記憶〉が〈情緒的記憶 Emotional Memory[☆2]〉と形を変えた。[★2] メモ書きには、スタニスラフスキーが演劇芸術の目的を〈精神〉という言葉を使わずにどう規定するか悩み、その「代替語」まで考えている個所が見られる。〈精神〉という言葉が検閲に引っかかる可能性があったからだ。そして「人間の精神生活の創造」という表現の代わりに「舞台の登場人物の内面世界の創造とその世界の芸術的形式による伝達」という表現が考えられていた。[★3] このように、検閲のもとで自分のもっとも重要な思想を表現するためにスタニスラフスキーがとった妥協策はかなりの数にのぼる。

同じころ、ソ連共産党中央委員会の文化担当官、アンガロフは、慇懃無礼な態度で、《システム》の著者にこう指示していた。「あなたの書かれた本や原稿を読んで、わかりました。あなたは、〈芸術的感覚〉のことを〈直観〉という言葉に置き換えている……。〈直観〉とか〈潜在意識〉とかいった曖昧な用語は除去して、リアルな言葉で表わし、芸術的感覚とは何なのか、それはどう表現されるのか、人々に具体的に示すべきだ。これは、芸術の諸問題を理論的に解明しようとする者の使命のひとつですよ」。★4 アンガロフがこのような説明をした相手こそ、俳優の創造の秘密を科学的に解明しようとしていた人物だったのである。スタニスラフスキーは、アンガロフの「友情あふれる」助言に深く感謝して、「またお目にかかったときにでも、直観についてご説明いただければと思います。私は、初版本からすべてこの言葉を削除いたしました（中略）創造の仕事には、不可思議なことも神秘的なこともいっさい不要であり、そのことを公言すべきだという貴殿の考えに賛成です」と述べている。★5

★2　スタニスラフスキー九巻選集、第二巻、二七九頁。（日本語版、第一部、二九三頁）

★3　スタニスラフスキー『メモ帳より』（全二巻）第二巻、モスクワ、一九八六年、三二三頁。

★4　ドィボフスキー『与えられた状況の虜に――過去のこと』「歴史年鑑No・10」、モスクワ、一九九二年、三一二―三一三頁。

★5　スタニスラフスキー八巻選集、第八巻、一九六一年、四三二―四三三頁。

☆2　感情的記憶　Affective Memory、情緒的記憶　Emotional Memory／英語の affection と emotion、ロシア語の аффекция と эмоция からきた言葉だが、スタニスラフスキー九巻選集（全三部）を訳すさいにも、どう訳すべきか問題になった言葉である。両方とも「感情」「情感」「情動」といった意味だが、著者のチェルカッスキー氏は、社会主義ソ連時代にフランスの心理学者リボーがブルジョワ学者として批判され、彼が使った用語（アフェクティヴ）が使えなくなったため、スタニスラフスキーは言い換えただけであり、意味上の変化があるわけではないと述べている。

まさに、この一九二〇年代末からスタニスラフスキーの本からも原稿からもヨーガの思想や実践に関する表現がほとんど全部消えてしまった。なにしろ、スターリン主義者に言わせれば、社会主義リアリズムの演劇芸術の創始者が、インドの隠遁者の神秘的な教えから何かをくみ取るなどとは考えられないことだったからだ。こうして、《システム》のもっとも重要な基礎が姿を消していった。『芸術におけるわが生涯』(一九二六年)には、すでに〈ヨーガ〉という言葉は見られない。また『体験の創造過程における俳優の仕事』(『俳優の仕事』第一部、一九三八年)のロシア語版にもこの単語は出てこない。

ほんの少しだが、スタニスラフスキー八巻選集の第三巻目(一九五五年)に初めてこの単語が登場する。しかもそれは「註」のところである。インドのヨーガ哲学の用語である〈プラーナ〉の代わりに、よりわかりやすい、より科学的な用語、〈筋肉のエネルギー〉とか、ただ〈エネルギー〉という言葉が使われている、と註づけされている部分だ。[★6]

スタニスラフスキー八巻選集の第四巻(『俳優の役に対する仕事』一九五七年)には、《システム》とヨーガの関係を示す個所で、検閲が見逃した部分が少し増えた感じがする。ヨーガに触れたところが三個所ある。「無意識にいたる唯一の道は、意識的なものを通してである」と主張する個所、[★7]ヨーガの具体的な例を示す二つの個所――「潜在意識という袋」に投げ込まれた思想の束の、表には現われない働きの部分、そして、「土に種を蒔いて、根が生えたかどうか見るために三〇分ごとに土を掘り返しているばかな子供」について触れた部分である。[★8]

しかし、このような部分的な言及は、ヨーガの哲学と実践から得られた方法論的に根拠のある叙述というよりは、東洋のおとぎ話の個人的抜き書きといった感じがする。結局、人間の自然についての何十世紀にもわたるヨーガの考えがスタニスラフスキー・システムに与えた影響の大きさについて、ソ連時代の演劇研究は矮小に評価するか、まったく無視することになった。

現代ロシアの演劇学者ガレンデエフがいみじくもこう述べている。「とくに五〇年代、六〇年代にスタニスラフスキーについてはこう書かれる傾向が強かった。すなわち、彼が二つの世紀にまたがって生き、前世紀の（退廃的な）一〇年に、ヨーガの哲学とその〈プラーナ〉（人間の精神と宇宙を結びつける神秘的な内面的・精神的実体）の教えに惹かれたが、それはほんの短期間のことであり、それほど深いものではなかった、と。この宇宙という表現に関しては、初期モスクワ芸術座の団員たちにはなじみの『世界精神』という言葉に置き換えてもいい。つまり、スタニスラフスキーは、遠いインド哲学の影響をすぐさま見事に克服し、いかなる〈神秘性〉も入り込む余地のない行動の唯物論的な理解へとすべてを転換した[★9]」

★6　クリスチーの註、スタニスラフスキー八巻選集、第三巻、四五九頁。
★7　スタニスラフスキー八巻選集、第四巻、一九五七年、一五六頁。
★8　同書、一五八―一五九頁。
★9　ガレンデエフ『舞台言語に関するスタニスラフスキーの教え』レニングラード、一九九〇年、一〇五頁。

さて、本書ではいまここに書いたこととまったく逆のことを明らかにしようと思う。

一九六七年、ギッピウスはスタニスラフスキーの実践を基にした『感性の体操』というよく知られた練習問題集を出版した。ところが、多くの練習が、ギッピウス自身が序文で指摘しているようにヨーガから直接取られているにもかかわらず、ここには、ヨーガがスタニスラフスキー・システムに与えた影響についてのきちんとした説明がいっさいない。ヨーガについても、「宗教的・観念的哲学システム」といった調子で、否定的に、ときには皮肉っぽい調子で述べられている。著者は、人のオーラが存在するという仮説も冷笑し、〈プラーナ〉を「筋肉の感覚」とまで言い捨てている。[★10] また、たとえば「放射」や「吸収」といった現象も、「些細な表情」という表現に矮小化している。[★11] ギッピウスが亡くなったあと、一九八一年に出版予定だったこの本の第二版は、結局二〇〇三年になって世に出されたが、そこではこのような唾棄すべき表現は削られたものの、ヨーガに関しての話は、「ヨーガ、リボー、[☆3] ロシア・リアリズムの伝統」という小さな一章に閉じ込められてしまった。その章は、「この練習を生み出すきっかけになったのは、古代インドの哲学システム、ヨーガであった[★12]」と認める言葉から始まり、そのあと、一連のヨーガの考え方や訓練について、原典の注つきで述べられている。しかしながら、ここでも「訓練に関する晩年のスタニスラフスキーの書いたもの」から判断すると、「一九三〇年代には彼の訓練はヨーガの神秘主義を克服していた」と付け加えられている。[★13]

このように、大部分をヨーガの訓練に依存して書かれたこの本ですら、スタニスラフスキー・システムとヨーガの教義の関連を真剣に分析する内容にはなっていない。そして今日にいたるも、私が見るかぎり、ロシアの演劇研究にそのような著作物は見当たらない。しかし、《ハータ・ヨーガ》を実践している有名人たちを公表しているインターネット・サイトの二つにひとつは、スタニスラフスキーの名前が上げられ、「彼のシステムは、よく知られているように、ヨーガをベースにしている」★14と紹介されているのだ。いったい、だれに「よく知られている」のか？「どのようにベースにしている」のか？　もちろん、これらサイトの目的は、現代の演劇研究が積み重ねてきた実際の知識の紹介というよりは、一種の宣伝であることは言う

★10　ギッピウス『感性の体操――創造的心理操作術の訓練』レニングラード、一九六七年、二六頁。
★11　同書、二八二―二八三頁。
★12　ギッピウス『俳優トレーニング、感性の体操』サンクト・ペテルブルグ、二〇〇七年、二九〇頁。
★13　同書、二九二頁。
★14　たとえば、オチャポフスキーの『ヨーガ、調和、世界』のサイトの『初心者のためのクリヤ・ヨーガ、ハタ・ヨーガ』には、「ハタ・ヨーガを実行していたのは、マハトマ・ガンジーやネルーだけでなく、かつての米国大統領ジョン・F・ケネディやソ連のスタニスラフスキーなどもいる。ソ連のノーベル賞受賞者イヴァン・パブロフ博士もハタ・ヨーガのシステムに賛同していた」と書かれている。http://yogaclassic.ru/post/2128（操作日二〇一二年二月二四日）
☆3　リボー（テォデュール）一八三九―一九一六年。フランスを代表する実験心理学者。スタニスラフスキーの蔵書のなかには、リボーの著作『注意力の心理学』や『情動的記憶』などがあり、スタニスラフスキーは多くのページに印をつけて、熱心に読んでいた痕跡を残している。

までもないが……。

スタニスラフスキー・システムとヨーガの相互関係が研究されても、理解されてもこなかった事実は、俳優教育に一連の深刻な問題を投げかけている。俳優教育を専門とするグラチョーヴァは、ヨーガの奥深い教義の知識がなければ、スタニスラフスキーの授業の個々の課題は非常に浅薄なものになり、内容も骨抜きになる、と公正にも述べている。彼女は、次のような例を挙げている。「〈音を聞き取る〉という授業は、ほとんど毎年一年生の前半期に行なわれています。しかしそのやり方は、正しく理解されていないことがほとんどです。〈苦手な〉学生には、教室や外で聞こえるすべての音を聞き取るよう指示されます。その後、より多くの音を数え上げた学生が、より注意深いかのように言われるのです。この授業は、古い禅の思想に起源をもち、音に対する瞑想から生まれたもので、音をどれだけたくさん覚えられるかではなく、極限までの集中が大事なのです。集中とは、意識が音で満たされるときにその意識が変化することです。同時に、ただ音だけでなく、その音と音のあいだの距離も聞き取る。これは一定の訓練を必要とする大変難しい授業です。それを、一年生になったばかりの新入生に教えるというわけです。当然のことながら、これはすぐに退屈なお遊びになってしまい、身にも付かないし、なによりもなんら結果をもたらさないのです[★15]」

こういったさまざまな例から確信できることは、スタニスラフスキーが自分の《システム》にヨーガから得られた思想を根づかせようと試みて一〇〇年経った今日、具体的に彼の《システム》がどのようなかたちで古代インドのヨーガの思想と実践を継承し、踏まえているのか検討すべき時期が来ているということだ。

ただ、残念ながら、ヨーガのスタニスラフスキーへの長期にわたる影響についての言及がロシアの演劇関係書に散見されるようになったのがだいぶ以前[★16]のことであるにもかかわらず、このテーマでの研究の成果は、諸外国の研究が抜きんでている。卓越した研究のなかから、ウェグナー[★17]とホワイト[★18]の論文、ゴードン[★19]、カーニキ[★20]、ワイマン[★21]の本の何章かを挙げておこう。このテーマへの関心は、ますます大きくなり、ロシアの雑誌「演劇の諸問題」で、私たちの最初の

★15　グラチョーヴァ『教育過程における俳優の心理操作術――理論と実践』芸術学博士の学位請求論文、サンクト・ペテルブルグ、二〇〇五年、三四―三五頁。

★16　ポリャコーヴァ『スタニスラフスキー』モスクワ、一九七七年、チョールナヤ『発声のための呼吸法。東洋の訓練を基礎にした発声』サンクト・ペテルブルグ、一九九七年、シランチエヴァ、クリメンコ『俳優とアルター・エゴ』モスクワ、二〇〇〇年。

★17　Wegner W. H., "The Creative Circle: Stanislavski and Yoga", Educational Theatre Journal, 1976, Vol. 28, No. 1, pp. 85-89.

★18　White A., "Stanislavsky and Ramacharaka: The Influence of Yoga and Turn -of the Century Occultism on ths System", Theatre Survey, 2006, Vol. 47, Issue 1 (may), pp. 73-92. 筆者は、ホワイト氏の論文のコピー入手の件で、ホワイト氏自身に大変世話になった。この場を借りて、感謝の意を表しておく。

★19　Gordon M., "The Stanislavsky Technique", Russia, NY, 1987, pp. 30-37.

研究成果が報告されたあと、チョールナヤがヨーガの呼吸体操をベースにした俳優養成の教材を出版している。[★22] また、カプサーリは、『俳優養成と演技におけるヨーガの利用』という学術論文を書いている。[★23] 本書でも、私たちの先達ともいうべき研究者、とくにカーニキ、ホワイト、ワイマンの一連の研究からの援用がある。しかし、主たる論拠の引用は、もちろんスタニスラフスキー自身が残した文献と実践からのものである。

★20 Carnicke S. M., "Stanislavsky in Focus: An Acting Master for the Twenty-First Century", 2nd ed. London, NY, 2008, pp. 167-184. 筆者は、二〇〇九年フィンランドで開かれたシンポジウム《フィンランドにおけるスタニスラフスキー》にパネラーとして出席したとき、同じパネラーのカーニキ氏の講演を聴き、その後の演劇の諸問題について二人で話す機会を得た。大変興味深い話であり、そのことに深く感謝している。

★21 Whyman R., "The Stanislavsky System of Acting: Legacy and Influence in Modern Performance", Cambridge University Press, 2008, pp. 78-88.

★22 チョールナヤ『ヨーガの呼吸運動を利用した発声のための呼吸教育』モスクワ、二〇〇九年。

★23 Kapsali M., "The Use of Yoga in Actor Training and Theatre Making", Unpublished Ph. D. Dissertation in Performance Practice (Drama), University of Exeter, Exeter, 2010, p. 294.

第1章　スタニスラフスキーの演劇活動に見られるヨーガ

1　ヨーガとの出会い

スタニスラフスキーがヨーガの教義を知ったのは、一九一一年のことである。このことは、彼の年代記でかなり詳しく裏づけられる。女優のスミルノヴァの回想を見てみよう。彼女は、一九一一年の夏、スタニスラフスキーの家族とフランスのサン・ルネールで避暑をともにしていた。「青い海辺で」スタニスラフスキーは、皆に《システム》の構想を話して聞かせていたのだが、その連日の集いに、スタニスラフスキーの息子の家庭教師であったデミードフもときどき顔を出していた。彼は、モスクワ大学の医学生で、皇帝一家の侍医バドマエフ[★1]が開いていたペテルブルグのロシア・ブリャート学校でチベット医学も研究していた。その彼が、「ある日スタニスラフスキーの話を聞いて、こう言ったのです。『昔からあるいろいろな訓練法を、どうしてあなたご自身が考え出したり、名前をつけなくてはいけないのです？　あなたに何冊か本をお貸しします。《ハタ・ヨーガ》と《ラジャ・ヨーガ》のところを読んでみてください。きっと、関心をもたれますよ。あなたの構想の多くは、ここに書かれていることと、ほとんど一致していますから……』。スタニスラフスキーは大いに関心を示しました。おそらく、この本は、彼が舞台創造の心理の分野で自分自身が発見した多くのことを説明し、裏づけてくれたのです[★2]」

　たしかに、スミルノヴァの言うとおりだった。スタニスラフスキーはモスクワに戻ると、すぐにラマチャラカの本、『ハタ・ヨーガ――健康を保つためのヨーガ哲学』（シング訳・監修、サンクト・ペテルブルグ、一九〇九年）を購入している。そしてそれを熱心に研究したことは、モスクワ芸術座付属博物館に保管されているその本の書き込みからも十分にわかる[★3]。

　たしかに、スタニスラフスキーがインドの古い哲学と出会ったのは、もっと前だという証言もある。それは、とくに驚くべきことでもない。一九世紀末から二〇世紀初頭にかけて、東洋への関心はロシア芸術全般に見られたことだからだ。スタニスラフスキーに多大な影響を与えたレフ・トルストイは長いことガンジーと文通を続けていた[★4]。さまざまな読書会（哲学者ソロヴィヨフ[☆1]や詩人ヴォローシン、作曲家スクリャービン、そして作家のアンドレイ・ベールイなどの）では、『マハーバーラタ』や『ウパニシャッド』、『ヴェーダ』など東洋の古典が取り上げられた。

日露戦争のあと、一九〇五年の革命の終了まで検閲が緩んだこともあり、東洋への関心はいくつもの神秘主義の流派や学校を生み出すきっかけになった。それらの基礎となった実践哲学がインド哲学、とくにヨーガであった。その例となっているのが、自分の哲学の諸要素をイスラム教やヨーガ、さらには数秘学（Numerology）から自由に汲みつくしたグルージェフ☆2の神秘主義的な教義であり、ブラバツカヤ夫人☆3たちの解釈を含むバラモン教や仏教に基づいた神智

★1　グレーコヴァ『ロシアにおけるチベット医学』「科学と宗教」No・8、一九八八年、一一頁。

★2　ヴィノグラツカヤ『スタニスラフスキー年代記』第二巻、モスクワ、二〇〇三年、二九一―二九二頁。

なお、シュヴェルボヴィチの回想でも、同じエピソードが間接的に語られている。モスクワ芸術座の俳優カチャーロフの息子が、スタニスラフスキーの息子イーゴリの家庭教師について、次のように書いているという。その青年は《ツィフィルキン》という綽名の医学部出の若いスポーツ医師で、フランスの古典格闘技の格闘家であり、審判でもあった。彼の本名は、デミードフといい、「ヨーガとその心身の教育法に強い関心をもっていた。そしてヨーガの健康法に習って、食べ物をゆっくりしたと正しい食べ方で《反芻》するように指示し、イーゴリを困らせていた」（シュヴェルボヴィチ『人々、演劇、そして私について』モスクワ、一九七六年、九七―九八頁。

★3　ラマチャラカ『ハタ・ヨーガ』モスクワ芸術座付属博物館、スタニスラフスキー保管文書No. 11262.

★4　たとえば、一八九六年七月三一日付のトルストイの日記には、このようなメモがある。「最近、インド人のトーダからの手紙があり、Ｊｏｇａ哲学に関する素晴らしい本が送られてきた」（トルストイ九〇巻全集、第五三巻、一九五五年、一〇六頁。この本というのは、"Joga's Philosophy. Lectures on Raja Joga or Conquering internal Nature by Swami Vivekananda. New York. 1896" のことで、ロシア語では、Ｙａ・ポポーフの訳でトルストイの死後、一九一一年に出版されている（シフマン『レフ・トルストイと東洋』モスクワ、一九七一年、参照）。

☆1　ソロヴィヨフ（ウラジーミル）　一八五三―一九〇〇年。ロシアの哲学者。神智学の影響を受け、独自に神人論を提唱。東西教会の合一を目指した。

学の教義である。ロシアの人智学協会は一九〇八年に創立され、画家のニコラーイ・レーリヒ（一八七四―一九四七年）がその一員として加わっていた。彼もまたスタニスラフスキーとは因縁浅からぬ仲である。なにしろ、一九一二年に上演されたモスクワ芸術座の『ペール・ギュント』の舞台美術はレーリヒだったのだから……。のちにチベットやインドで放浪の日々を送ったレーリヒは、妻と独自のヨーガ理論を打ち立て、それをインドの火の神の名前から《アンギ・ヨーガ》と名づけている。また、作家のゴーリキーは、《システム》作成の初期にスタニスラフスキーのよき話し相手だったが、一八九九年ごろにブラバツカヤ夫人の著作に出会い、初めのうちは神智学に懐疑的な立場だったが、一九一二年ブラバツカヤ夫人の全著作をロシア語で出版するために奔走している。

こういった例は枚挙にいとまがない。社会の精神的な虚脱状況に嫌気がさしていたこの時期の芸術家たちは、工業化の波と西欧の画一化された唯物論への対立項として東洋思想に目を向け、惹かれていった。世界教会運動（エキュメニズム）の雑誌の資料によると一九一三年までにロシアでは三五のオカルト・神秘主義組織が活動し、一八八一年から一九一八年のあいだに約三〇の秘儀・秘教雑誌が出版されていたという。[★5] ロシアにおける東洋思想への関心がいかに深く、また革命後までも続いたその関心がいかに根強く、西欧と東洋の秘儀・秘教の考えの統合がいかに不可思議であったかについては、筆者の小論を参考にしてもらいたい。それは、一九二〇年代から三〇年代のモスクワ芸術座で、スタニスラフスキーと実験をともにしていた若き

俳優「軍団」に関するものだ。[★6]

以上述べてきたことからもわかるように、ヨーガはロシアの知識人の意識に、それ自体としてではなく、なんらかの哲学的、宗教的観点と結びついて浸透してきた。それぞれが何世紀にもわたるインドの実践から、自分に必要なものを抜き取ってきた。ヨーガの経験を自分のシステムに取り入れるさいに、スタニスラフスキーも同様のことをしている。

フォヴィツキーによると、ヨーガの手法にスタニスラフスキーが惹かれたのは一九〇六年のことだ。これは、彼がアントン・チェーホフの『ワーニャ伯父さん』のアーストロフ役を演じながら、その役に集中できなかった、その後のことである（イプセンの『ドクトル・ストックマン』を演じていたときにも、同様のエピソードを彼は書いている）。[★7]まさにこのあと、スタニスラフスキー

★5　McCannon J., "In Search of Primeval Russia: Stylistic Evolution in the Landscapes of Nicholas Roerich, 1897–1914", Cultural Geographies, 2000, Vol. 7, No. 3 (July). p. 272.
★6　チェルカッスキー『スムイシュラエフ　俳優、演出家、教師――わが師の師』サンクト・ペテルブルグ、二〇〇四年、二六―三〇頁。
☆2　グルージェフ（ゲオルギー）　一八七七―一九四九年。アルメニア出身の神秘家。唯物論的なオカルト教義を提唱。一九六〇代のヒッピー文化にも影響を与えた。シュタイナーとならぶ二〇世紀の代表的な神秘主義運動家。
☆3　ブラバツカヤ（エレーナ）　一八三一―一八九一年。ロシアの神秘思想家。一八七五年ニューヨークで神智学協会を創立。チベット密教、エジプト魔術などを取り入れた独自の神秘哲学を打ち立てた。

は、「仏教の賢人たちの実践に教えを求め、それ以来、自分の俳優たちに注意の集中力を高める手段として、長期の心理・身体的訓練を促してきた。（中略）東洋哲学の教えに従いながら、その後継者たちは、摑まえどころのない《我》を目に見えるものにする努力を重ねてきた。それは、舞台上で精神の生活を生きるためであり、精神生活の未体験の分野に入り込むためでもある」[★8]

一九〇八年に、スタニスラフスキーは『村のひと月』の稽古を振り返りながら、『芸術におけるわが生涯』のなかで、観客席に対して〈俳優の精神〉を発揮する手段をヨーガの用語に求めたと書いている。そして「創造的意志と感情の目に見えないなんらかの放射が必要だ」と強調している。[★9] もちろん、ここには年代的な逆転現象も見ておく必要がある。一九〇八年の探求の本質を明確にしようとスタニスラフスキーが考えたのは、一九二三年、ヨーガを深く研究し、その経験をもってからのことである。

スタニスラフスキーがインドの哲学に「出会う」うえで、スレルジツキーが果たした役割もある。彼は、東洋の唯心論のみならず、ロシアのドゥホボール派[☆4]の活動にも精通していた。ちょうど、この宗派の人たちをカナダへ移住させた二年間にわたる経緯を描いたスレルジツキーの書き物を読んだあとに、スタニスラフスキーは彼を助手として採用しているのである。ドゥホボール派の瞑想的な実践は、東洋のそれとあい呼応して、当然のことながらトルストイ主義者のスレルジツキーに影響を与えていたのである。

スタニスラフスキーに朝の瞑想を勧めたのもスレルジツキーだという見解もある。これは、その日の午後の諸作業に思いを馳せるドゥホボール派の修業のひとつであった。彼らは、リラックスしたポーズで座り、その日の仕事の課題をいかに実践するかひとつひとつ、順に想像し、視覚化するのである。[★10] もちろん、このような瞑想は、ヨーガの実践とは必ずしも結びつかない。しかし、〈役を知る〉過程で俳優が想像の旅をするというスタニスラフスキーの教えとの共通性を指摘しておく必要はあるだろう。『役に対する仕事』（『俳優の仕事』第三部）の「知恵の悲しみ」では、俳優は状況と自分の役の課題を頭のなかで想像し、さらにその役を頭で描きながら、想像でファームソフの屋敷に入ったり、そこで人々と出会い、彼らと会話を交わしさえする。[★11]

ただ、初期のスタニスラフスキーのヨーガへの関心について書かれたものが、断片的であり、一部は推測である一方、一九一一年以降、それはラマチャラカの『ハタ・ヨーガ』との出会い

★7　スタニスラフスキー九巻選集、第一巻、一九八八年、三七一―三七二頁。

★8　Fovitzky A., "The Moscow Art Theatre and Its Distinguishing Characteristics", New York, 1923, p. 42.

★9　スタニスラフスキー九巻選集、第一巻、四〇六頁。

★10　Gordon M., "The Stanislavsky Technique: Russia" pp. 31-32 参照。

★11　スタニスラフスキー九巻選集、第四巻、一九九一年、七二―八五頁。（日本語版、第三部、七〇―八五頁）

☆4　一七四〇年ごろ南ロシアに生まれたキリスト教の宗教団体。当時のロシア正教の権力と結びついた儀礼や位階制に反対して、弾圧を受ける。兵役などを拒否する「無抵抗」主義で、作家のトルストイの支持を受けて、カナダなどに亡命していった。

の年であるが、スタニスラフスキーのヨーガの利用については、疑う余地はない。こうして、俳優教育に古代インドの実践を導入するための「場」となったのが、モスクワ芸術座第一研究所であった。

2　ヨーガとモスクワ芸術座・第一研究所

一九一三年の晩秋（第一研究所での最初の芝居が上演されたのは一九一三年の一月だが、公けに観客に披露されたのは、一九一三年の一一月である）、第一研究所でのスタニスラフスキーの授業のひとつは、授業でヨーガがどう利用されていたかを想像する材料を与えてくれる。スタニスラフスキーは研究生たちと一連の実験を行なっている（研究生たちに『ポンペイ最後の日』[☆5]を演じるよう指示。「みな泣き叫びだし、みなの筋肉が緊張した」と、スタニスラフスキーは書いている。「さらに筋肉が緊張しているとき、掛け算ができないことを証明する。みなが筋肉を緊張させているとき、だれも掛け算ができなかった」[★12]）、そしてそのさい余計な緊張を解く手段としてヨーガを勧めている。この一連の授業のなかには、《ハタ・ヨーガ（猫、休息、涅槃）》[★13]と名づけられたものもある。スタニスラフスキーは、筋肉の余計な緊張を取る実践的な練習に取り組んでいる（「弛緩ではなく、解放だ！」とスタニスラフスキーは生徒たちが陥るであろう誤りをあらかじめ警告している）。[★14] さらに、内面の観察者とか、注意の対象、注意の環（写真の絞り、大きいものは、客席全体。小さいものは、小さな環……。目に見える環、耳に聞こえる環、感情の環）といった概念を授業に持ち込んでいる。[★15]

スタニスラフスキーがヨーガについて触れている授業は、そうたくさんあるわけではない。だからと言って、ヨーガを定期的に行なっていなかったのではないか、という憶測はあたらない。ポリャコーヴァが書いているように、「即興の授業は、ハタ・ヨーガの講読授業と交互に」行なわれていたのである。[★16] 第一研究所では、この『ハタ・ヨーガ』の本が回し読みされ、講読が義務づけられていた。また、ワフタンゴフが研究生たちに書いた一九一五年の手紙には、こうある。「会計課で一ルーブリ受け取って、あとは、私の〈つけ〉にして、ラマチャラカの『ハタ・ヨーガ』を買ってください。そして私からと言って、それをエクゼンプリャルスカヤ（第一研究所の研究生の一人――筆者）にプレゼントしてください。彼女に、注意深くこの本を読み、

★12　スタニスラフスキー九巻選集、第五巻、一九九三年、三七六頁。
★13　同書、三七六頁。
★14　同書、三七七頁。
★15　同前。
★16　ポリャコーヴァ『スレルジツキーの演劇――倫理、美学、演出』モスクワ、二〇〇六年、一八四頁。
☆5　ブリューロフの絵画作品（一八三〇年）イタリアの町ポンペイが火山の噴火で滅びるさまを描いている。

夏には、《呼吸》の章と《プラーナ》の章を必ず練習しておくよう伝えてください[★17]」。さらに、ワフタンゴフはエクゼンプリャルスカヤには、「ハタ・ヨーガを読み終わったら、そのことを手紙で知らせてください。お願いします」と書いている。[★18]

研究生のスシケヴィチには、一九一二年の稽古の回想がある（この稽古は、アントン・チェーホフの小説『魔女』の稽古だった）。それは、『ハタ・ヨーガ』から得られた思想がどのように実践に持ち込まれたかを物語っている。「トヴェルスカヤ通りの研究所の小さな稽古場に、よく海岸などで見かけるボックス（更衣室）が六、七個作られていた。その各ボックスに司祭と魔女が一組ずつ入っている。みなが一斉に稽古をしてもお互いに邪魔にならないようにする。大声で話すのはダメ。音を立てるのもダメ。お互いに見つめ合って、囁くだけである。声にしてもいけない[★19]」。スシケヴィチは、ここで大っぴらには言葉にしてはいないが（この回想は、一九三三年に書かれた）、明らかにこれは〈プラーナの放射〉というヨーガのレッスンにほかならない。

もう一人、第一研究所の女優ソロヴィヨヴァの回想は、もっと自由に書かれている。彼女はアメリカにいて、この思い出を書いた。「私たちは、何度も注意の集中のレッスンをしました。これは〈環の中へ入る〉と名づけられたレッスンです。私たちは、自分たちのまわりを取り囲む環を想像し、〈プラーナ〉の光線を外の空間へ放射したり、またはお互いに交流するためにそれを投げかけたりするのです。スタニスラフスキーは言います。『こちらへ〈プラーナ〉を送ってください。私は、それを指先から次の人に伝えます。神に、天空に、そしてなによりもパートナーに送っていってください。私は自分の内面のエネルギーを信じています。それを放射し、それを伝播しているのです[★20]』」

後年、ルドルフ・シュタイナーの人智学[☆6]の後継者の一人となるミハイル・チェーホフもまた、一九一〇年代「私は、きわめて客観的にヨーガの哲学を受け入れた。（中略）いかなる内面的な反発もなかった……[★21]」たとえば、チェーホフは、俳優の演技以前のもっとも重要な心身操法として「放射」という概念を検討している。彼のレッスンから一部抜き書きしてみよう。これは、

★17　ワフタンゴフ『資料と証言』（イヴァーノフ監修）第二巻、モスクワ、二〇一一年、九三頁。註によると、ワフタンゴフ自身の書斎には、以下のヨーガに関する本が保管されている――『ヨーガ行者ラマチャラカ、ジュニャーナ・ヨーガ』サンクト・ペテルブルグ、一九一四年。『ヨーガ行者ラマチャラカ――インドヨーガ行者の行法』サンクト・ペテルブルグ、一九一五年（上記『資料と証言』第二巻、九五頁、参照）。

★18　同書、九四頁。

★19　スシケヴィチ『役に対する仕事の七つの契機』レニングラード、一九三三年、一一頁。

★20　Gray P., "The Reality of Doing: Interviews with Vera Soloviova, Stella Adler and Sanford Meisner" (Stanislavsky and America) Ed. E. Munk, New York, 1964, p. 211 からの引用。

★21　ミハイル・チェーホフ二巻本『著作集』第二版、第一巻、モスクワ、一九九五年、八九頁。

☆6　シュタイナー（ルドルフ）一八六一―一九二五年。ドイツの思想家でゲーテの研究者。人智学の創始者。初めはブラバツカヤ夫人（三九頁☆3）の神智学を信奉していたが、のちに独自の人間観、宇宙観を獲得。その思想は、さまざまな芸術家（ロシアでは、作家のA・ベールイ、モスクワ芸術座のM・チェーホフなど）に影響を与えた。

第一研究所でのスタニスラフスキーのトレーニングについて述べたソロヴィョヴァの回想とほとんど同様のものだ。

「まず自分の胸からあなたの活力を放射してみてください。その後、伸ばした腕から、最後はあなたの存在自体から……その放射をさまざまな方向へ向けてください……」。[★22]こういった〈プラーナ〉の放射のレッスンにチェーホフはかなり重点をおいている。アメリカ時代の彼の教え子ベアトリス・ストレイトは〈放射〉のレッスンをチェーホフは「ほとんど神秘主義的な意味でのオーラの放出」として行なっていたと書いている。[★23]

俳優の創造的な自己感覚における〈意識―身体―心（精神）〉の三要素を探求する過程で、モスクワ芸術座第一研究所が重点に置いていたのが心のトレーニングだった。純粋に技術的なレッスン以上に精神的な側面が強調されたのには、スレルジツキーの存在が大きくからんでいる。当時研究生だったギーキーが、「スレルジツキーは通常の意味での演出家ではなかった」、「彼の芝居への影響は、精神的な〈示唆〉という方法で行なわれた」[★24]と指摘しているのもよくわかる。一方でスタニスラフスキーは、助手のスレルジツキーが、彼といっしょに「俳優の宗教結社のようなものを作ろう」としていたと回想している。[★25]

さらに、自分たちが教える側にまわってからも、かつての研究生たちはスレルジツキーのレッスンをしばしば思い出している。たとえば、ボレスラフスキー[★26]は、やはり第一研究所の研究生だったウスペンスカヤと共同でアメリカのラボラトリー・シアターを立ち上げるが、そこでの演技教育において「俳優の仕事のもっとも重要な側面として精神的な準備作業を強調し、〈心のレッスン〉と名づけられた一連の授業を展開した」。[★27] ウスペンスカヤは生涯ヨーガを続け、欧米の多くの人々をヨーガへと導いた『ヨーガ行者自伝』の著者ヨーガナンダによって創立された自己実現協会の会員にもなっていた。[★28] 一九四九年一二月六日ウスペンスカヤが亡くなったとき、葬儀を執り行なったのもこのヨーガナンダであった。[★29] ハリウッドでホワイトが、この協会の修道会の会員たちと非公式に会談したときのことを報告しているが、それによると、その

★22 ミハイル・チェーホフ二巻本『著作集』第二版、第二巻、前掲、二四一―二四二頁。

★23 Hirsch F. "A Method to their Madness—The History of the Actors Studio", Cambridge, 2002 p. 347 からの引用。

★24 ヂーキー『若いころの演劇の話』モスクワ、一九五七年、二一四頁。

★25 スタニスラフスキー九巻選集、第一巻、二一四頁。

★26 ボレスラフスキー（リチャード） 一八八九―一九三七年。モスクワ芸術座の俳優で演出家、第一研究所の研究生でもあり、第一研究所の最初の作品『〈ナジェージダ（希望）〉の死』の演出をする。アメリカにおけるスタニスラフスキー・システム普及の第一人者で、ニューヨークのラボラトリー・シアター（一九二三―一九三〇年）の創立者でもある。ハリウッドで映画監督をし、また『俳優の技術――最初の六回の授業』や『槍騎兵の道』などの著者。詳しくは、チェルカッスキー『ボレスラフスキーのアメリカでの授業におけるスタニスラフスキー・システムの発展』（モスクワ文化芸術大学紀要№・6、二〇一一年、二一九―二二四頁、またチェルカッスキー『バレエとドラマの結合――ラボラトリー・シアターにおけるボレスラフスキー演出シュニッツラー作《ウェディング・ドレス》のパントマイム』（ワガノワ・バレエアカデミー紀要№・2、二〇一一年、二五三―二六九頁）。

★27 Hirsch F. 前掲書、六三―六四頁。

有名なヨーガの行者はウスペンスカヤの冥福を祈り、彼女のことを「私たちの忠実な後継者の一人」、「愛すべき弟子」と呼んだという。[★30]

（こういったウスペンスカヤの人生の一場面についての思い出は、若いころからの友人だったギアツィントヴァの本にも見出せる——ウスペンスカヤの葬儀のとき「その大通りは、喪服を着たインド人でいっぱいだった」という噂がモスクワにも達していた、とそこには書かれている）[★31]

ウスペンスカヤがアメリカの俳優学校の授業でヨーガの実践的利用をどの程度やっていたか、信頼にたる証言は少ないが、[★32]アメリカの何点かの資料は、三〇年代のウスペンスカヤの授業の独特な雰囲気についてこう書いている——「マダム（彼女はアメリカでこう呼ばれていた——筆者）は、哲学的な沈静と宗教性を教えてくれた。（中略）ウスペンスカヤが教室を始めたが、そのグループはまるで仏教寺院の僧侶たちの集まりのようだった」[★33]

もう一人、その創造活動の生涯にわたって、東洋の秘儀への関心を持ち続けた研究生がいる。それが、ミハイル・チェーホフの同志であり、第二モスクワ芸術座の『ハムレット』[☆7]の演出家スムイシュラエフ（一八九一—一九三六年）だった。筆者は彼の演劇教育と創造について、また彼の尋常ならぬ運命について、『スムイシュラエフ　俳優、演出家、教師』という一冊の本を上梓しているが、その副題に「わが師の師」と付け加えた。というのも、モスクワの国立舞台芸術大学（通称ＧＩＴＩＳ）のスムイシュラエフの教室で、筆者の恩師であるペテルブルグ演劇

大学のスリーモフ教授（一九一三―一九九四年）が学んだからである。★34

要するに、モスクワ芸術座第一研究所でのヨーガとの出会いが、多くの研究生たちの心に残り、彼らは生涯それを探求しつつ、次の世代へと受け継いでいったのである。

★28　White A., "Stanislavsky and Ramacharaka—The Influence of Yoga and Turn -of- the Century Occultism on the System", Theatre Survey, 2006, Vol. 47 Issue 1 (may) p. 76. ヨーガナンダ（パラマハンサ）一八九三―一九五二年。クリイー・ヨーガの中心的な行者。一九二〇年からアメリカに在住し、同年自己実現協会（Self-Realization Fellowship）を設立。著書『ヨーガ行者自伝』（一九四六年）のなかで、人類に奉仕するヨーガ行者の理想的な生活を描いている。

★29　Robinson H., "Russians in Hollywood, Hollywood's Russians—Biography of an Image" Boston, 2007, p. 89.

★30　Yogananda P., "One Life Versus Reincarnation" Cit. at-A. White "Stanislavsky and Ramacharaka—The Influence of Yoga and Turn -of- the Century Occultism on the System", Theatre Survey, 2006, Vol. 47 Issue 1 (may) p. 80.

★31　ギアツィントヴァ『思い出と向き合って』モスクワ、一九八九年、八〇頁。

★32　White A., "Stanislavsky and Ramacharaka—The Influence of Yoga and Turn -of- the Century Occultism on the System", Theatre Survey, 2006, Vol. 47 Issue 1 (may) p. 76.

★33　Gordon M., "Stanislavsky in America—An Actor's Workbook", London, New York, 2010, p. 82. 詳しくはチェルカッスキー『〈マダム〉とスタニスラフスキー・システム――ウスペンスカヤのアメリカにおける演劇教育の四半世紀』「演劇の諸問題」No・3―4、二〇一一年、二五四―二六三頁。

★34　チェルカッスキー『スムイシュラエフ　俳優、演出家、教師――わが師の師』前掲、参照。

3　一九一〇―二〇年ごろのスタニスラフスキーの授業におけるヨーガ
（モスクワ芸術座とその第二研究所の俳優たちと）

第一研究所で、スタニスラフスキーとスレルジツキーが俳優教育に取り入れたヨーガは、その後もスタニスラフスキーによってさらに深化させられ、適応された。それは、モスクワ芸術座・第二研究所[☆8]（一九一六年創立）とオペラ研究所[☆9]（一九一八年創立）、そして本体のモスクワ芸術座の俳優たちへの教育のなかでのことである。一九一九年と一九二〇年のスタニスラフスキーのメモ帳には、授業でいかに《ハタ・ヨーガ》を利用するのか書かれたメモが数多く見られる。《ハタ・ヨーガ》は、当時スウェーデン体操やリズム体操、イサドラ・ダンカン[☆10]の身体表現、発声練習、筋肉の解放（ほぐし）のレッスンと並んで教えられていた。身体的トレーニングはさまざまあったが、それらはスタニスラフスキーの厳しい要求によって均一に保たれていた。それは「いかなるときもNota bene（「よく注意せよ」の意味のラテン語――訳註）。どんな身体的レッスンも、あらかじめ内面的心理的行動と課題に動機づけられ、正当化されていなくてはならない[★35]」という要求であった。

「今後のオペラ・レッスンの計画」（一九二〇年一〇月）には、筋肉の解放について次のような指示が見られる。「自分のなかに、自由の無意識の観察者を作り出すこと。はじめは座って、横になって（ハタ・ヨーガ）、次に立ったままで[★36]」。さらにその数ページ先では、「筋肉をほぐすには、二つの契機がある。（a）プラーナの解放、（b）プラーナの送り出し。プラーナ（ヒンズー語で「心」のこと）を、そのエネルギーを活用し利用するために解放する。何のために、どのようにそれを利用するのか？　第一に、どんなポーズをとっていても身体の重心を保つため。第二に、ただ身体や筋肉、目、耳、五感だけでなく心を活用するためである」[★37]

★35　スタニスラフスキー『メモ帳より』第二巻、モスクワ、一九八六年、二〇九頁。
★36　同書、二〇九―二一〇頁。
★37　同書、二一三―二一四頁。
☆7　モスクワ芸術座付属・第一研究所が発展して、一九二四年、ミハイル・チェーホフを中心に創立された劇場（モスクワ芸術座・第二研究所とは別）。スタニスラフスキー・システムを基礎に、様式性を追求したが、一九二八年、チェーホフがドイツへ亡命、一九三六年に閉鎖された。
☆8　一九一六年にモスクワ芸術座の若い団員の教育のために発足。ここで育ったのがタラーソヴァやケードロフ、スタニーツィンなどいわゆるモスクワ芸術座の「第二世代」といわれる俳優たちで、社会主義リアリズムのお手本となるモスクワ芸術座の芝居を支えた。
☆9　一九一八年ボリショイ劇場のオペラ部門の研究所として、スタニスラフスキーが創立。ボリショイ・オペラの歌手の演技力向上のためであったが、スタニスラフスキー自身にとっては歌える俳優を育成する実験的な場でもあった。
☆10　ダンカン（イサドラ）　一八七八―一九二七年。アメリカの舞踏家。モダンダンスの創始者といわれる。クラシックバレエの規範にとらわれない「自由なバレエ」を「自然に帰れ」をモットーに提唱。スタニスラフスキーの援助でロシアに彼女のバレエ学校ができる。一方、ダンカンは恋人だった演出家ゴードン・クレイグをスタニスラフスキーに紹介している。

しかし、ヨーガとの関連がなにより詳細に述べられているのは、モスクワ芸術座の俳優たちとのレッスンを描いたメモのなかである。一九一九年一〇月一三日のスタニスラフスキーの授業プランを分析したワイマンは「その授業プランに《ハタ・ヨーガ》の全概要（シノプシス）が隠されている[★38]」と指摘している。詳細な引用を行ないながら、我々もまた、イギリスの研究者にならって、スタニスラフスキーの授業プランとラマチャラカのヨーガの本との比較を行ない、ラマチャラカの章立てを角カッコと傍線で書き出してみる。ラマチャラカの本こそ、スタニスラフスキーにとってヨーガの理論と実践の基本的な源泉だったのだから……[★39]」

スタニスラフスキーはこう書いている。

「私たちが行なっているのは〈役を生きる芸術〉だ。（中略）この創造的な状態を表わす要素は、（a）身体（筋肉）の解放、（b）集中力、（c）行動性である。

まず筋肉の解放から始めよう。〈プラーナ〉の教え。（a）プラーナは生のエネルギーであり、それは大気から［第二〇章、《プラーナのエネルギー》］、食物から［第一〇章、《食物からのプラーナの吸収》］、太陽から［第二七章、《太陽エネルギー》］、水から［第一二章、《オーガニズムの洗浄》］、そして人間の放射から得られる。（b）人間が死ぬと、〈プラーナ〉は蛆虫とともに微生物として大地に去っていく［第一八章、《身体の小さな生命》］。（c）〈我〉、〈我あり〉は、〈プラーナ〉ではない。それは、すべての〈プラーナ〉をひとつに統合するもの。（d）どのように〈プラーナ〉は、歯を通して、食物を噛むことを通して血液と神経へと浸透するのか。

どのように呼吸し、生水や太陽光線を摂取するか。より多くの〈プラーナ〉を得るために、いかに噛んで呼吸するか（食物を噛んで食べるのではなく、飲み込むことができるほど噛み砕く）［第一〇章、《食物からのプラーナの吸収》］。呼吸の仕方――心臓の六回の鼓動で息を吸い、三回の鼓動のあいだ息を止め、六回の鼓動で息を吐き出す。心臓の鼓動一五回……（中略）［第二一章、《プラーナ・レッスン》］

座ってのレッスン。（a）座って、緊張している部位を指摘する。（b）首などが自由に動くまでに、その部分をほぐす。（c）不動の姿勢でいて、そこが凝り固まらないようにする。〈プラーナ〉の動きに耳を澄ます。（d）プラーナが動く。水銀のように、あるいは蛇のように、腕の付け根から指先へ、大腿部から足の指先へと流れていく。（e）歩行にさいしての指の役割。大腿部を突き出す（背骨の役割）。レッスン――鞭のようにしなやかに足を大腿部から振り動かす。片方の足に爪先立ちして、そのかかとを上下させながら、一方の足は歩くように前後に振る。足を交替する。両手も、背骨も歩くときと同じように動かす。（f）〈プラーナ〉の動きは、私の考えでは、内面のリズムによって生み出される［第二一章《プラーナ・レッスン》］

★38　Whyman R., "The Stanislavsky System of Acting" p. 83 参照。

★39　入手可能なラマチャラカの出版物には、『ハタ・ヨーガ――健康法としてのヨーガ哲学』モスクワ、二〇〇七年、ただし、かなり稚拙な訳が目立つ（訳者は不明記）。そこで、参考として以下のサイトを利用した。http://readr.ru/yog-ramacharaka-hatha-yoga.html#page=1（操作日二〇一二年二月二六日）

ン》」[40]

このように、スタニスラフスキーの授業プランとラマチャラカの本のテキストが符合しているのは明らかだ。一部には、「息を吸う、吐く、止める」場合の鼓動数（六―三―六―計一五回）も含めて、スタニスラフスキーが丸々ラマチャラカの文を書き写しているところさえある。

このように、スタニスラフスキーは、ヨーガのひとつである〈プラーナヤーマ〉（プラーナを操作する技能を教える）について直接には触れていないが、彼のメモにはヨーガの研究の跡が明白に見て取れる。そして、彼は〈プラーナヤーマ〉のレッスンを、俳優の創造的な自己感覚の調節や真の交流のために大胆に利用しているのである。

さらに、スタニスラフスキーのヨーガ熱は、革命直後の数年間においてもますます高まっていた。それは彼の研究上の関心が俳優の外面的技術に、また創造する俳優の心と体の深いつながりの研究へと移っていたときである。

一九二〇年前後にヨーガの研究がスタニスラフスキーの弟子たちのあいだでも流行っていたことは、ミハイル・チェーホフの回想からも確認できる。彼は、こう記している。「ヨーガには、二〇歳代の若いころから惹かれていた。それでワフタンゴフといっしょにそれを研究してみた（研究というと大げさかもしれない）。要するに彼とヨーガに関心をもったということだ。ヨーガは私たちを虜にした[41]」。さらに「何年かヨーガを体験し、その世界観をものにしようとした」[42]とチェーホフは述べ、彼の体験したインド哲学の理解の瞬間を「ひらめき」と名づけている。それは、一九二〇年代頭に彼の研究所の実習生と稽古しているときに起こったものだ(思い起こせば、一九二〇―一九二一年のシーズンは、スタニスラフスキーが四つの研究所でレッスンをもっていたときのことだ。それは、ワフタンゴフの研究所、アルメニアの研究所、ユダヤ人劇場《ガビーマ》の研究所、そしてチェーホフの研究所である)。チェーホフはそのときのことをこう綴っている。「ヨーガ哲学の基本的な理念は《生の創造》であると、私は悟ることができた。生の創造! この新しい理念が、私の心に徐々に浸透していった。私は、慎重に自分の過去を振り返り、現在を検証した。チェーホフ研究所の創設と実践の過程にははたしてこの生の創造はなかったろうか? モスクワ芸術座の研究所は、スタニスラフスキーとスレルジツキー、そして私たちによって創立されたものではないか? これまで、舞台上のことだけを創造という名で理解してきたのはなぜか? 私にとって創造の分野が大きく拡がった」[43]

(傍点は筆者)

★40 スタニスラフスキー『メモ帳より』第二巻、前掲、二二〇―二二一頁。

★41 ミハイル・チェーホフ「ベルグストレムへの手紙」一九五四年一〇月六日付『文学遺産』(全二巻)、第一巻、モスクワ、一九九五年、五二五頁。

★42 同前、五二六頁。

★43 同前、八九頁。

実を言えば、この「自分の内面からの創造の可能性」という《古くから知られた真理》の発見には、スタニスラフスキー・システムに対するミハイル・チェーホフの深い哲学的理解がその背景にある。彼の俳優教育の原理もまたここにある。「外面から創造する俳優と自分自身のなかで創造する俳優とのあいだにある差」を知っただけで、偉大な俳優は自身を自殺へと追いやったかもしれない危機から脱出したのである。著書『俳優への道』でも、彼はこう書いている。「当時、私はこの差をはっきりとは理解できなかった。いまではこの差がはっきりと眼前に見えているが……。経験的には私は創造のタイプをたったひとつしか知らなかった。それは外見からの創造である。創造は人間の意志ではどうにもならず、創造の傾向は、いわゆる自然の素質にのみ左右されるものと思えた。しかし、自己創造という考えとともに、徐々に私の内には、創造的エネルギーの獲得へといたるある種の意志の高まりのようなもの、そして創造的エネルギーを内面へ、自分自身のなかへと移そうという意志の衝動がおのずと生じてきた」★44

これは一九二八年に出版されたものだ。当時チェーホフは、彼の言葉によると、ルドルフ・シュタイナーの《人智学》との関連で「権力からの嫌疑がかけられていた」。プラーナという言葉も弁証法的唯物論の許容する用語から逸脱していた。しかし、「創造的エネルギーの意志の高まり」がプラーナであることは、容易に見てとれる。今日では、チェーホフの人智学やシュタイナー個人への関心が彼自身の世界観や芸術、その人生にどういう影響を及ぼしたか、かなり詳細な研究が行なわれている。そしてイヴァーノフが書いているように、この関心が「人生と芸術理解を成り立たせる深い確信へと発展するのは、目に見えていた」[45]。本書のテーマにかぎって言及するなら、彼の究極の確信への道がヨーガを通してのものだったと強調することがより重要であろう。チェーホフ自身が一九五〇年代にこう書いている。「まだモスクワにいたころから、ヨーガに関心をもっていた。そしていまでもヨーガを深く尊敬し、評価している。ただ、シュタイナーの人智学が私の意識のすべて占めてしまった」と。[46]人智学の探求がチェーホフをヨーガ哲学の多くの命題との論争へと導いたことは事実だが、[47]その結論に関して彼は、幾度となく「ヨーガが人智学の教えへと徐々に私を導いてくれた」と繰り返している。[48]

モスクワ芸術座第一研究所のスタニスラフスキーの授業でチェーホフは初めてヨーガの哲学と実践に出会ったわけだが、それは、チェーホフ自身の研究所でさらに発展させられ、スタニスラフスキーの天才的な弟子である彼に大きな影響を及ぼした。

面白いのは、チェーホフとワフタンゴフ、二人のヨーガへの関心と研究がどのように進展し

★44　同前、八九―九〇頁。
★45　イヴァーノフ『M・チェーホフが筆記したR・シュタイナーの演劇に関するレクチャー。グローモフへの手紙』の序文、「ムネーモシュネー」〈二〇世紀のロシア演劇史から事実と資料〉、モスクワ、二〇〇六年、八五―九一頁。
★46　ミハイル・チェーホフ「ベルグストレムへの手紙」一九五三年五月三日付『文学遺産』前掲、四八八頁。
★47　この論争については、前掲のベルグストレムへの手紙のなかで詳細に展開されている。四八八―五二八頁、参照。
★48　ミハイル・チェーホフ「人生と出会い」『文学遺産』前掲、一五三頁。

たか比較することである。ヨーガの超越的《トランスセンデンタル》な面（まさにこれがチェーホフを神智学さらに人智学へと導いたのだが）に惹かれたチェーホフに対して、ワフタンゴフはヨーガを「一種の道具として、演劇的目的のために利用した[★49]」

ワフタンゴフの学生演劇研究所の教え子たちがそこでの授業やレッスンについて筆記した「理論コースへの導入」というノートは、第一研究所でのヨーガとの出会いの経験がその枠を超えてさらに発展させられている様子を明らかにしている。一九一五年二月一五日のメモには次のようなワフタンゴフの言葉が記されている。「ヨーガの哲学を読めば、そこに実に多くの練習課題を見出すことができる。私を驚かせたのは、そこから得られた用語だ。明らかにスタニスラフスキーがそこから借用してきた言葉だ。そこには、筋肉の解放（ほぐし）、集中、信念、素朴さ、正当化などの用語がある。またそこには〈鋭い目〉を自分の内部に養う練習もある[★50]」。このメモ書きの最後の部分でのワフタンゴフの結論は、研究生＝俳優たちの仕事でヨーガを利用することの本質を明快に伝えている。「ヨーガの目的は、もちろん人間形成にある[★51]」。まさに俳優形成のために、その創造の諸器官の形成のため、スタニスラフスキーも、その弟子たちも、弟子の弟子たちも多くの研究所やスタジオでの俳優訓練にヨーガのさまざまな実践法を取り入れたのである。

4 オペラ研究所におけるヨーガ

スタニスラフスキーの俳優教育におけるヨーガの利用と研究の新しい展開は、ボリショイ劇場のオペラ研究所の声楽家＝俳優との共同作業でも見られる。それは、一九一八年から始まった。周知のように、スタニスラフスキーの創造上の関心がオペラへと向かったのは、決して偶然ではない。彼は、若いころからオペラ芸術に関心を寄せていた。この関心は、若いころ、また成人してからも取り組んでいた歌唱のレッスンのなかでいっそう強いものとなっていた。また、シャリャーピン[☆11]の仕事の諸原則をスタニスラフスキーが関心をもって研究していたことも知られている。彼はシャリャーピンを演劇の俳優にとってのお手本として崇拝していたのである。オペラ俳優をあらためて教えなおすというスタニスラフスキーの意図の実現は、ちょうど彼がヨーガの〈リズミカルな呼吸〉の方法を研究しようとしていた時期と重なっていた。〈リズミ

★49 ワフタンゴフ『資料と証言』（V・イヴァーノフ監修）第二巻、モスクワ、二〇一一年、七五頁。
★50 同書、七三頁。
★51 同前。
☆11 シャリャーピン（フョードル） 一八七三―一九三八年。二〇世紀前半を代表するオペラ歌手（バス）。一八九九年、ボリショイ・オペラの一員となり、世界にロシア・オペラの名を知らしめる。ミラノ・スカラ座、ニューヨークのメトロポリタン・オペラ劇場にも長年出演している。オペラにリアルな心理描写を確立した彼のことを、スタニスラフスキーは「お手本」と呼んだ。

カルな呼吸〉はヨーガにとって、〈プラーナ〉を制御するもっとも大事な要素である。まさに一九二〇年、歌手たちとの仕事で芽生えた〈呼吸のリズム〉と〈注意のプロセス〉の関係、〈相互作用〉と〈交流〉(広義には、舞台上の俳優の自己感覚)の関係に対する関心がもっとも高まったときに、スタニスラフスキーがヨーガの諸法で構成された『正しい呼吸法』というロバーノヴァの本の要約をしているのも、偶然のことではなかったのである。[★52]

スタニスラフスキーがヨーガの研究にこれほど真剣に取り組んでいたという事実は、彼のオペラへの関心のもうひとつの本質的な側面を明らかにしてくれる。ここに、スタニスラフスキーがオペラの俳優にもドラマの俳優にも共通する法則を研究する必要があると確信していたひとつの理由がある。同時にスタニスラフスキーはオペラの歌手とドラマの俳優との共同の探求が大きな成果を生み出すであろうと確信していた。

スタニスラフスキー自身がオペラ研究所で話したことは(一九一八—一九二二年)、彼のシステムとヨーガの諸原理との新たな共通点も明らかにしている。スタニスラフスキーの話を、若い駆け出しのオペラ歌手アンタロヴァ(一八八六—一九五九年)がメモ書きしている。彼女は、後に(これも偶然とは言えまいが)、秘教活動に取り組むことになり、ヨーガの知恵を独自に取り入れた『二つの人生』という長篇小説の著者にもなった。[★53] 熱心な若いオペラ歌手の記録したものからわかることは、スタニスラフスキーが、あるヒンズー教の賢者の書いた物語(コントロールできない知性を酔った猿に例える[★54])を話したり、「インドの格言」を話したりしていることだ（授業でスタニスラフスキーは、創造上の課題をどう解決するのかという研究生の質問に答え、自分の潜在意識を信頼するよう呼びかけている。ここには、〈潜在意識のポケット〉というスタニスラフスキーがよく使った表現が見られる）。★55 このアンタロヴァの記録は一九五二年に出版された。そこから十分な確信をもって言えることは、一九二〇年前後のスタニスラフスキーが実際の授業においては〈ヨーガ〉という言葉をさらに頻繁に使っていたらしい、ということだ。さらに、たとえ〈プラーナ〉という言葉を使っていなくても、ゆっくりとした、

★52　ヴィノグラツカヤ『スタニスラフスキー年代記』第三巻、モスクワ、二〇〇三年、一三五頁。一九一五年にペテルブルグで発行されたロバーノヴァの本は、いわゆる三段階呼吸法をロシアの読者に初めて紹介しているが、それは今日でも十分に通用するものだ。ロバーノヴァ『正しい呼吸法――西欧によって変えられたインド・ヨーガの呼吸法』モスクワ、二〇一二年、参照。ロバーノヴァの二つ目の本『正しい呼吸――発話と歌唱』（一九二三年）も再版されている。ロバーノヴァ『オーリガ・ロバーノヴァの正しい呼吸法――ロシアで最初の呼吸練習法』サンクト・ペテルブルグ、二〇〇五年、参照。

★53　ストリジェノヴァは、アンタロヴァの小説『二つの人生』について、こう語っている。「インド学者としての私を驚かせたのは、東洋の偉大な国の独特な生活やその古代の知恵、ヨーガに対する、またヒマラヤ共同体の秘教に対する著者の繊細で深い知識である。」チュリャーエフ、アンタロヴァ、ストリジェノヴァ『思い出より』Lotus Site、現代秘教百科 http://arion.ru/wiki/KonkordijaAntarova（操作日二〇一二年一月二六日）

★54　アンタロヴァ記『一九一八―一九二二のボリショイ劇場の研究所でのスタニスラフスキーとの対話』モスクワ、一九五二年、七三頁。

★55　同書、一〇〇頁。

指先の先端まで〈息を通す〉手の指の開閉や呼吸のリズムと集中を関連づける最初の練習は、まさに〈プラーナ〉の流動的な動きと関連していることがわかる。[★56]スタニスラフスキーが研究生たちに「自分の頭のなかで火の玉のようなものを作る」[★57]ことを学ぶよう呼びかけているのも、これと同じことだ。

生命の基礎としての呼吸というヨーガの根本思想が、リズムこそ演劇芸術の基礎であるというスタニスラフスキーの確信と結びついたのは、まさにオペラ研究所でのことであった。オペラ歌手たちへの話のなかで、スタニスラフスキーはこう強調する。「音楽は、呼吸のリズム、すなわち地上における生命全体の土台と結びつき、自分の全存在を調和へと導きながら、あなた方の集中力を高めるものでなければいけません。音楽はそのリズムのなかであなた方の思考と感情を合流させ、私たちが真のインスピレーションと呼ぶもの、つまり直観あるいは潜在意識の覚醒へとあなた方を導くものでなくていけません」[★58]

オペラ歌手たちに、スタニスラフスキーは「自分の身体的心理的基盤を作曲家の既成のリズムに導く」という課題を出している。一方、演劇の俳優には「自分の内に作曲家を取り入れ」、「自分でリズムを生み出すよう」求め、リズムがなければ、「あなたの役はただの空箱」だと述べた。[★59]

どちらの場合も、俳優の生のリズム、とくに俳優の舞台上での呼吸のリズムが、もっとも重要な意味をもったのである。さらにスタニスラフスキーは、呼吸の原理の基礎的な解明に少なからぬ時間を割き、正しい呼吸と注意力との、また正しい呼吸と俳優の体操との関連を説明している。「身体的行動のもっとも簡単な例を使って、研究生たちの注意を次のような確固たる類推に向ける必要がある。それは、穏やかな呼吸は、健康な思考、健康な身体、健康な感覚、簡単に集中できる注意力であり、呼吸の乱れは、心理の乱れ、自分のなかの病的な感覚、そして注意力の散漫であると……」[60]。この考え方は、ラマチャラカの次のような言説と完全に一致している。すなわち、意識、身体、感情は呼吸の糸によってひとつに結びつけられる、また、正しい呼吸の習慣によってもたらされる身体的な利益だけでなく、「人間の精神力、幸福、自制心、明晰な知能、道徳観、さらには精神的発達でさえも、《呼吸の科学》を合理的に実践的に適応することで拡大・強化される可能性がある」[61]という主張だ。

スタニスラフスキー・システムに対するヨーガの影響を知ることは、オペラ芸術におけるスタニスラフスキーの探求に新たな光を当てるものだ。このことは、オペラとドラマの俳優に共

★56 アンタロヴァ記『一九一八―一九二二のボリショイ劇場の研究所でのスタニスラフスキーとの対話』、前掲、七三―七四頁、参照。
★57 同書、七四頁。
★58 同前。
★59 同前。
★60 同書、五八頁。
★61 ラマチャラカ『ハタ・ヨーガ』モスクワ、二〇〇七年、七七頁。

通する存在の法則を研究することが必要であり、両者を共同で教育することに意味があるとするスタニスラフスキーの主張のもうひとつの理由を明らかにしてくれる。この彼の思想は、一九三〇年代半ばのオペラ・ドラマ研究所での仕事で、さらに深められることになる。

5　ヨーガと晩年のスタニスラフスキー

スタニスラフスキーは、《システム》形成の初期段階にもっとも熱心にヨーガを研究し、利用しているが、そのレッスンを生涯やめることはなかった。ただ、〈プラーナ〉という用語自体がますますイデオロギー的に認められなくなったため、一九三〇年代に彼はしばしば、それを〈エネルギー〉という言葉に置き換えている。それでも彼は実際のレッスンでは以前同様〈プラーナ〉という言葉を使っているし、なにより大事なことはヨーガの諸法を使っていることだ。たとえば、オペラ研究所での『ボリス・ゴドゥノフ』[☆12]の演出を例に取ろう。ルミャンツェフが一九三四年の一一月に、もう上演されているこのオペラの稽古のことを証言しているが、スタニスラフスキーは、俳優の造形的な身体表現《プラースチカ》[☆13]と「プラーナを流動させる」能力との関連について何度も触れている。以下が、演者（その場面の稽古をしていたのは、マリーナ・ムニーシェクとランゴーニだった）への指摘である。「貴女が女帝のように見えるよう、ある手段を伝授しましょう。中途半端な身振りではだめなのです。腕の付け根（肩のところ）から腕全体に〈プラーナ〉（筋肉のエネルギー）を流動させるのです。腕をできるだけ伸ばして、指先から徐々に緊張を取り去っていきます。大事なのは指だということを覚えておいてください。もし、〈水銀の玉〉＝〈プラーナ〉が腕を、足を〈流動したら〉、貴女はいつだって優美で造形的《プラースチカ》でいられるでしょう。ダンスや体操でも、その動きに内面的な感覚が生じるまでは、こういった〈優美で造形的《プラースチカ》動き〉にはなりません。歩くさいに、エネルギーが背骨を移動し、足の方へ流れていくようにしなくてはいけません。これを一生懸命レッスンする必要があります。そうすれば、貴女はもっと柔軟になるでしょう……。手と指を伸ばしましょう。指は、体の目なのです……。いつも体全体に〈プラーナ〉が流動するように、動き、座るよう心がけてください。歩くときには、足の親指まで歩き切りましょう。身体のほかの部分は、楽に自由にして……。優美で造形的《プラースチカ》な動きには、背中が大変大きな意味をもつことを覚えておいてください。〈プラーナの流動〉を背骨の中で行なう必要があるのです……」★62

ルミャンツェフは、こう思い出を綴りながら、スタニスラフスキーが稽古や授業でヨーガの

☆12　ムソルグスキー作曲のオペラ。シャリャーピンの名演で世界的な名声を得る。
☆13　演劇用語としてロシア語では定着しているが、英語ではそのまま Plasticity、あるいは Plastic Movement と訳されている。スタニスラフスキー『俳優の仕事』では、「造形的な身体表現」と訳している。
★62　ルミャンツェフ『スタニスラフスキーとオペラ』モスクワ、一九六九年、四〇七頁。

諸要素を長い年月にわたって、一貫して利用していたと強調している。「この指導は、本質的には、優美で造形的な動き《プラースチカ》を発展させる従来のレッスンの繰り返しであった。それは、スタニスラフスキーが一五年も前に若い研究生たちと探求し、作り上げてきたものだ。この指導の繰り返しはいつも変わらなかった、そしてどんな役柄を演じるかに関わりなく、すべての俳優＝歌手に適応された[★63]」（傍点筆者）

一九三五年五月四日、モスクワ芸術座におけるブルガーコフ[☆14]の戯曲『モリエール』の稽古で、スタニスラフスキーがモリエールの時代の典型的なお辞儀の仕方を細かく、明瞭に説明し、示して見せたとき、彼はこう強調している。「覚えておいてください、それぞれの動きのあとに、〈プラーナ〉が放出されなければ、決してお辞儀はうまくいきません。優美で造形的な動きは〈プラーナ〉なしにはできないのです。諸君は必ずすべてのプラーナを解き放つ必要があります。（中略）〈プラーナ〉を心臓からくみ上げ、それをまわりに降り注ぐのです[★64]」

ホワイトは、一九三〇年代のスタニスラフスキーの二つのテキストを比較して、その時期にヨーガの思想が《システム》の主要な構成部分であったというきわめて重要な発言をしている。まず第一のテキストは、一九三七年に印刷された、我々にはお馴染みのロシア版『俳優の仕事——体験の創造的過程における自分に対する仕事』のテキストであり、もうひとつは〈アメリカ用の最終原稿〉と記されて、翻訳者ハプグードに送られた同書のテキストである。これは、現在ニューヨークのパフォーミング・アート図書館に保管されている。

ロシア版の《交流》の章のテキストは、こうなっている。「相互交流のこうした目に見えない流れや手段を何と呼ぶべきか？　放射と吸収とでも呼ぶか？　流出と流入と呼ぶべきか？　ほかの用語がないので、こうした言葉で呼んでおくことにしよう。それに、これらの言葉は私がこれから君たちに話さなければならない交流のプロセスをイメージ豊かに描き出している。いまわれわれの興味を引いているこの目に見えない流れが科学の研究対象になる日も近いだろう。そうなればもっと適当な用語が作られるにちがいない。さしあたっては、われわれ俳優の仲間内の名称を使うことにしよう」★65

同じ章のアメリカ版の一九三五年のタイプ原稿で、スタニスラフスキーは、もっと明瞭に書いている。「インド人たちはこれを信じていると、読んだことがある。彼らは、いわゆる〈プラーナ〉というものの存在を信じているのだ。それは、われわれの身体に命を与える生のエネ

★63　同前。
★64　『稽古場のスタニスラフスキー――稽古のメモと速記録』（ヴィノグラツカヤ監修）、モスクワ、一九八七年、四二七頁。
★65　スタニスラフスキー九巻選集、第二巻、モスクワ、三三八―三三九頁（日本語版、第一部、三六四頁）。
☆14　ブルガーコフ（ミハイル）　一八九一―一九四〇年。ソヴィエト時代の作家。長篇小説『白衛軍』（モスクワ芸術座では『トゥルビン家の日々』という名前で上演）や『巨匠とマルガリータ』など、インテリと革命の問題、表現の自由の問題を大胆に扱い、多くが発禁になった。糊口をしのぐためモスクワ芸術座の文芸作家として脚色にあたっている。

ルギー、力である。彼らの考えでは、〈プラーナ〉の源泉は太陽神経叢にある。そこから〈プラーナ〉が身体全体に送られる」[★66]。このスタニスラフスキーの言葉は、そのままラマチャラカの本からの借用であることは、あとになってわかることだ。

最初のスタニスラフスキー八巻選集の第三巻、第四巻の注では、スタニスラフスキーが《無批判にブルジョワ哲学から借りてきた》〈プラーナ〉の概念を使うことを最晩年に拒否した（ここでは、フランスの心理学者リボーも同様に扱われている）、またヨーガを否定した彼は科学的な世界観に移っていったとも書かれているが、《システム》の初期の実践のなかでヨーガに関心を寄せたスタニスラフスキーが後年それを否定したという結論を出すのは、まだ時期尚早であろう。

スタニスラフスキーが、第一研究所での試みののち二〇年を経た一九三五年にも、〈プラーナ〉について触れているということは、彼が以前同様ヨーガの諸法を《システム》の主要な構成要素、とくに俳優の創造的自己感覚の主要な要素と考えていたことを意味する。

その明白な証言のひとつが、一九三三年のスタニスラフスキーの稽古に参加していたゾーンの回想録のなかにある。それは、スタニスラフスキー記念オペラ劇場における『プスコフ市民』（リムスキー＝コルサコフ作）の稽古でのことだ。ゾーンはこう記している。「ミハイル役のオペラ俳優に、スタニスラフスキーはきわめて興味深い指示を出した――手をオーリガに向けて差し伸ばすのです。手が彼女を招き、手から〈呼びかけ〉が放射するよう、精一杯伸ばしてください。かつて、私たちはこれを無邪気に〈プラーナ〉と呼んでいたのです[67]」

いったいなぜスタニスラフスキーは、この稽古に初めて来た若いレニングラードの演出家に向かって〈プラーナ〉という言葉をつかったのだろうか？（若い演出家は信頼のおける人たちからの推薦で、もちろん、システムに関心があって稽古に顔を出していたのだが……）第一研究所に閉じ込められていた彼の仕事のもっとも大事な情報を「外へ」、あるいは「次の世代へ」伝えたいという熱意のせいだろうか？

これについては、ガレンデエフの考えが正しいようだ。「死を前にすると、人は、とくに偉人というものは、もっとも関心を寄せるテーマに戻っていくものだ。ましてや、その考えやテーマがなにか完成した、整ったものになりきれず、精神的にも成就していない場合はなおさらである。スタニスラフスキーは最晩年に、言葉の精神性、行動、俳優の沈黙の問題に触れることがますます増えていった[68]」（傍点筆者）。ガレンデエフは、この問題を、発話の音を通して心

★66 Stanislavskii K. S., Typescript of Rabota Aktera nad soboi, chast' 1 Okonchatel' nyi dlia Ameriki [An Actor's Work on Himself. Part1. Final Draft for Americal. New York Public Library for the Performing arts. E. R. Hapgood Papers, Series2: Translations, 1930-1973. Research Call Number: T-Mss 1992-039. Box7. Folder6. Chap. 10. 9 ロシア語への再訳は、White A., "Stanislavsky and Ramacharaka" 前掲書、八〇頁、参照。

★67 スタニスラフスキー『資料、手紙、研究』モスクワ、一九五五年、四四五頁。

★68 ガレンデエフ『舞台言語に関するスタニスラフスキーの教え』前掲、一〇五頁。

の一部（つまりプラーナ）が流れ出るというヨーガの考えと関連づけている（残念ながら、直接名前を挙げているわけではないが……）。しかし、彼がスタニスラフスキーのどの部分を引用したかは明白だ。「諸君は感じないかね――トルツォフ先生は学生にこう話しかけた――音声の波動を通して、自分たちの心の一部が外へ表出する、あるいは奥底に沈んでいくのを感じないかね？　これはすべて、母音の空虚な音ではなく、精神的内容に富んだ音なのだ。そしてこのことが、それら音のなかに、音の中枢に人間の精神の一部があると、私が正当にも言える理由なのだ」★69。スタニスラフスキーによれば、言語表現の原子はそのうちに、人間精神の原子を内包していることになる。

このように、《音の精神》について、またその放射の方法について、そして「プラーナなしにはあり得ない」行動の優美で造形的な《プラースチカ》動きについて考察しながら、スタニスラフスキーは最晩年、人間について、その身体と精神についてのヨーガの古い教えとの対話を続けていたのである。

以上、スタニスラフスキーの仕事におけるヨーガの利用の概要を述べてきたが、このことは、ヨーガの理論と実践が《システム》の形成と発展に大きな意味をもっていたという正当な結論を導き出す十分な根拠になると思われる。

★69　スタニスラフスキー九巻選集、第三巻、六一頁。（日本語版、第三部、六六頁）

第2章　スタニスラフスキーの著作物に見られるヨーガ

スタニスラフスキーの実践活動に常にヨーガ的要素が存在していたと考えると、彼の書いた基本的な著作物を新たな目で読み直すことが可能になる。同時に、彼の遺作のなかにヨーガの〈背景〉を見出すことも必要になる。たしかに、彼の多くの著作、たとえば、『体験の創造的過程における俳優の自分に対する仕事』（『俳優の仕事』第一部）には、ヨーガへの言及はない。しかし、われわれは、スタニスラフスキーの書いたものの多くが、ヨーガの思想で貫かれていることに気づくだろう。

このことで、貴重な手助けになってくれるのが、最初のスタニスラフスキー八巻選集の三、四巻目の注釈を書いた二人の研究者、クリスチーとプロコフィエフである[☆1]。現代において彼らの注釈を読むと、初めのうちは、その弁証法的唯物論的な抑制的調子にがっかりさせられる（注釈が書かれたのはソ連時代の検閲下のことである）。しかし、ヨーガの教えにかかわる個所での彼らの注釈の「イソップ流の寓意表現」は注目に値する。スタニスラフスキーはヨーガの観念的教えを無批判に受け入れたが、晩年になって唯物論の立場に立ったと、とりあえず公的な評価を下して、注釈者は、「システム」の個々の部分の由来について貴重な情報をわれわれに与えてくれる。それは、スタニスラフスキー自身が、そのベースとなった資料に触れるのを恐れていた、まさにそのラマチャラカのヨーガの本にかかわることであった。

よい耳をもてば、よく聞こえると言うではないか。注釈者たちの隠れた助言のあとを追いかけていくと、スタニスラフスキーの個々の頁から、ヨーガの原本、つまりラマチャラカのテキストへと結びつく鎖を浮かび上がらせることができる。

しかし、まずは、ラマチャラカのヨーガの本について少し詳しく見てみよう。

1　二〇世紀のヨーガとその古い起源

スタニスラフスキーの保管文書と彼自身の蔵書には、ラマチャラカの本が二冊保存されている。『ハタ・ヨーガ――健康についてのヨーガ哲学』と『ラージャ・ヨーガ――人の心理世界に関するヨーガの教え』である。[★1] それぞれ、一九〇九年、一九一四年にロシア語に訳され、出版されているが、実は、これらの本は、インドの人里離れた仏教寺院の中で書かれたものでも、またヨーガ隠遁者の暮らす掘立小屋で書かれたものでもなく、アメリカの喧噪の都市シカゴで書かれたものだ。シカゴは一八九三年に開かれた万国宗教会議のあと、西側世界とヨーガを結びつける中心地となった。これらの本の著者は、ウィリアム・アトキンソン（一八六二—一九三二年）というアメリカ人なのだが、表に顔を出さず、しばしばペンネームで著作を出しているうちに、その本名や人物像は忘れられてしまった。しかし、一九世紀末から二〇世紀初頭にかけて、法学者であり、作家、弁護士、ビジネスマン、出版者でもあったアトキンソンは、新思想（New Thought）運動[☆2]の初期の有力な執筆者だったのである。彼は、一八九〇年代に重い病からの奇跡的な回復後、みずからヨーガの世界へと入り込んだ。三〇年のあいだに、百冊以上の著作物を出しているが、その多くがペンネームで書かれており、ラマチャラカというのは、そのペンネームのひとつにすぎない。《ヨーガ出版協会》の紹介文によると、ヨーガに関するシリーズものの本は、アトキンソンとバラモンのババ・バラタの共著であり、表敬の印として、

★1　スタニスラフスキー八巻選集、第四巻、一九五七年、四九六頁。
☆1　クリスチーとプロコフィエフ／ソ連時代のスタニスラフスキー・システムの研究とその実践的教育に携わった。クリスチーの『スタニスラーフスキイ・システムによる俳優教育』（新装復刊版、野崎韶夫・佐藤恭子訳、白水社、二〇〇六年）が日本でも出版されている。
☆2　アメリカで一九世紀半ばから唱えられた精神的な治癒を目的にした思想運動。精神治癒運動（Mind -cure Movement）ともいわれる。

ババ・バラタのグル（師）であるラマチャラカへの献辞が添えられている。しかもそこには、ラマチャラカの生没年（一七九九―一八九三年）が記され、このインドの賢人の伝記が紹介されている。しかしながら、このババ・バラタもラマチャラカも実在したという証拠はまったくないのである。アトキンソンがだれから教えを受け、公けにヒンズーの信仰に移っていったか、これもまた神秘のヴェールに包まれている。

ともあれ、一九〇三年からの一〇年余りのあいだに、ヨーガ行者ラマチャラカの本が一〇数冊世に出ており、それはいまだに英語でも、ロシア語でも再版を続けているし、あまたあるヨーガ関連の出版物の代表的な書籍であり続けている。その意味で彼の本は、今日でも多くの者にとって（一〇〇年前のスタニスラフスキーを含め）、ヨーガの体系的知識を得る入門書なのである。

古典的なヨーガの成り立ちは、インドで紀元前二世紀ごろパタンジャリによって書かれた『ヨーガ・スートラ』まで遡ることができる（正確に言うと、さらに前の教えを構成し、哲学的に裏づけたものだ）。そこには八つの階梯が記されている。

◆ヤマ（行動の規範、道徳的自制）
◆ニヤマ（自己浄化の一連の実践、宗教的規則、指示の順守）
◆アーサナ（身体訓練を通して知性と身体を統一する姿勢）
◆プラーナヤーマ（リズミカルな呼吸と〈知性の不休の活動〉を停止させることにより、生

命エネルギー＝プラーナを調節する）

◆プラティヤーハーラ（内的な精神的な力を与え、知的集中を可能にし、意志の力を拡大する。感情を欲望の対象から引き離す）

◆ダーラナー（注意の集中、瞑想にいたる目的のはっきりした精神集中）

◆ディヤーナ（瞑想、徐々にサマーディにいたる内的な活動）

◆サマーディ（〈オーム〉音の瞑想。自分の本性を至福のうちに自覚する超然たる状態、涅槃）

しばしば、この八つの階梯は、四つの下の階梯へ、また四つの上の階梯へと分けられる。そのうち、下の四階梯が《ハタ・ヨーガ》に匹敵し、上の四階梯が《ラジャ・ヨーガ》に関連する。そのさい、《ハタ・ヨーガ》の実践修業の目的は、《ラジャ・ヨーガ》の瞑想活動を保証する身体の全面発達にある。

ヨーガの思想をアトキンソン＝ラマチャラカの本から知ることになったスタニスラフスキーは、ある意味で幸運だったと言える。明らかに、このヨーガの記述は西欧の読者の理解に適応しやすいものであった。アメリカ・ヨーガは、まさに西欧人に向けられたものであり、ラマチャラカは一九世紀、二〇世紀の欧米の学者たちから自由に引用し、インド・ヨーガの諸流派に固有の雰囲気で西欧の読者をうんざりさせることがなかったのである。それは、ある種の普遍的なヨーガの伝統を書いたものであり、「他の流派に対して、なんらかのひとつの流派や傾向を、あたかも真のヨーガとして持ち上げるようなことをしなかった」[★2]のである。一方で、イェジュイ・グロトフスキは、スタニスラフスキーのあとを追いながら、「真正の」インド・ヨーガのテキストをベースに、自分の創造にヨーガを適用しようとして、ある段階で袋小路に陥ってしまった。なにしろ、ヨーガの訓練の究極の目的は、苦しみの輪からの解放であり、まわりの現世の生活への反応から永遠の絶対的なものへの解脱にあるのだ。当然のことながら、ある段階でそれは演劇や演劇表現の課題と矛盾してくる。グロトフスキはこう書いている。「私たちは、絶対的な精神集中を得たいとヨーガを始めた。私たちが取り組んだのは、ヨーガが集中のための力強い武器を俳優に与えてくれるのかどうかという問題だった。そして私たちが得た結論は、期待に反して、すべては逆効果だったということだった。もちろん、ある部分は獲得できたのだが、それは、精神統一、集中それ自体であり、それはあらゆる外面的な表現力を壊してしまうものでもあった。つまり、それは内面的な夢であり、表現性のない内面の平静であり、行動を抑える偉大な休息である。当然のことながら、ヨーガの目的が、思考と呼吸、射精という三つの機能の停止にあるからだ。これは、すべての生のプロセスがいったん停止するということであり、意識の死が始まることを意味している」[★3]

しかし、スタニスラフスキー自身はヨーガをもっとシンプルに捉えていた。西欧の読者を東洋の賢者の世界に導くため、ラマチャラカはヨーガを紹介するさい、その真の最終目的である〈涅槃の状態への到達〉を強調せず、自分をコントロールする能力、つまり自己完成の技術として紹介している。ラマチャラカは、ヨーガが意識を内面に向ける手段であるとみなしていた。スタニスラフスキーは、そのことと、内面で感じたことを外面的な形象で表現する手段を見出すという自分の「システム」の基本的な課題とが矛盾するにもかかわらず、〈注意をそらすものを捨象する〉というヨーガの思想を、芝居における〈集中と注意〉の創造的な状態に適応させることができた。スタニスラフスキーは、俳優にとってもっとも大きな〈注意をそらすもの〉は、観客席という恐ろしい黒い穴であることをよく知っていた。そしてまさに、それと闘うために彼のシステムは作られたものだったのである。その意味で、彼の提唱したいわゆる「第四の壁」のなかに〈存在する〉ことは、世界のさまざまな誘惑から解脱するヨーガの手法と同等のものであったのだ。

そのさいに、スタニスラフスキーは当然のことながら、自分の実践的課題とヨーガの最終的な目的とが別のものであることを承知していた。一九一九年の一一月、モスクワ芸術座の俳優たちに対するレクチャーのなかで、スタニスラフスキーはこう強調している。「結局、一〇〇〇年前にヨーガの行者は、われわれが探求していることと同じことを探求していた。ただ、わ

★2 White A., "Stanislavsky and Ramacharaka-Influence of Yoga and Turn-of-the-Century Occultism on the System" Theater Survey, 2006. Vol. 47. Issue 1 (may). p. 82.
★3 グロトフスキ『貧しき演劇を目指して』モスクワ、二〇〇九年、二八一頁。

れわれが創造へ向かっていくのに対し、ヨーガが向かっていくのは、彼岸の世界なのだ」[★4]

再び、オペラ研究所でのスタニスラフスキーのレッスン記録に戻ろう。そこでの対話のなかで、スタニスラフスキーは研究生たちを、それがどんな時代であれ、どんな個性の人であれ、「だれにでも共通する創造の段階（傍点筆者）」に導いた。[★5]その段階は、「舞台芸術に命を捧げるすべての人」がそれに沿って歩むべきものだが、一連の狭い職業的なスキルというよりは、秘教的な精神的な自己完成の段階に近いものだ。

第一の段階は集中、第二の段階は用心深さ、第三の段階は大胆さ、創造における勇気、第四の段階は創造的平静さ、である。《ハタ・ヨーガ》の最初の四つの段階のあとに、《ラジャ・ヨーガ》のより高い次元への移行が行なわれるように、スタニスラフスキーは、俳優の内面的な自己統一へと導く《自分に対する仕事》の四つの段階の後に、深い芸術的目的を考えていた。上昇する行動は第五の段階をへて継続される。それは「身体的行動のなかに流し込まれた自分の感情や思考のすべての力をもっとも大きな集中にまで、また明瞭な英雄的な集中力の高みにまで導くことである」[★6]

第六の段階は、俳優の舞台上での魅力を向上させることに関連する。魅力とは、一種の気品である。俳優はそれでもって、自分が表現する情念を浄めるのだ。[★7]ここでは、スタニスラフスキーは完全に仏教的精神で〈人の心が煩悩からの解放に向かう運命の瞬間〉について語っている。[★8]

そして最後に七つ目の段階。「これなしには芸術が生きることができない七つ目の段階、それは、喜びである」[★9]。俳優教育過程の最後の栄冠ともいうべき創造の喜びを目指すこと、そこにこそ次の世代へのもっとも大事な教えがあるし、スタニスラフスキーの道徳観の本質がある。スタニスラフスキーの七〇歳の誕生日に書かれた有名な言葉がある。それは、《システム》の創始者自身が創造の苦しみを何度も味わいながら、ここに書いたすべての段階を通り抜け、最後の七つ目の段階である幸せをたっぷりと味わった、その証言でもある。

「長いこと生きてきた。多くのことを見てきた。豊かになった。その後、貧しさも味わった。世の中を知った。よい家庭、よい子供たちに恵まれた。みな世界じゅうに散らばっていった。栄光を求めた。それを手にした。尊敬もされたし、若かった。そして老いた。まもなく死を迎

★4　ラヂーシェヴァ『スタニスラフスキーとネミロヴィッチ＝ダンチェンコ——二人の歩んだ道　一九一七—一九三八』モスクワ、一九九九年、六〇—六一頁。

★5　アンタロヴァ記『一九一八—一九二二年のボリショイ劇場の研究所でのスタニスラフスキーとの対話』前掲、七三頁。

★6　同書、九〇—九一頁。

★7　同書、九四頁、参照。

★8　同書、九六頁。

★9　同前。

えなくてはならない。

そこで、私に訊いてほしい、この世の幸せはどこにあるのか、と。

それは、知ることにある。芸術においても、仕事においても。知を得ること。自分のなかの芸術を知るなら、自然を、この世の生を、そして生の意味を知るだろう。心を、才能を知るだろう。

これ以上の幸せはない★10」


おそらく、ヨーガにおける階梯の数とスタニスラフスキーの述べる段階の数が一致しないのは、偶然ではあるまい。ヨーガの場合は、最後の八階梯目が涅槃にいたる道なのである。ここに、ヨーガの教えと俳優の演技システムの最終目標の違いが表われている。

このように、演劇的目的でヨーガを利用するには、ヨーガのいくつかの部分を方向転換することが必要だった。スタニスラフスキーに続いて、この問題をもっとも深く解明しようとしたのが、グロトフスキである。前節ですでに述べたが、古典的ヨーガを演劇に適応させようとして、彼は大変な困難を味わったが、それでも彼のヨーガ熱は冷めることはなかった。さらに、多くの人（そこにはスタニスラフスキーも含まれるが）と違って、グロトフスキのヨーガへの関心は、俳優のトレーニングの潜在的可能性という面からだけではなかった。グロトフスキの関心は、演劇にヨーガを利用する可能性とは別のところにあった。もし、こう言ってよければ、それは演劇「以前」のところにあったのである。そして、演劇「以後」のところにも……。ヨーガへの関心とその研究は、グロトフスキが演劇の世界へ入る以前からあった。そして〈悟り〉の宿命的な道を実現するために伝統的な演劇の世界から離れたことも、彼の演出家＝思想家としての基本姿勢を如実に示している。つまり、彼にとって演劇は、それ自体が目的ではなく、その目的にいたる手段なのだった。それについて、シェフネルは公正にもこう述べている。「彼の最終的な目的は、ブレヒトのように政治的なものではなく、スタニスラフスキーのように芸術的なものでもなく、アルトーのように反抗的なものでもない。グロトフスキの究極の目的は、精神的なものだ。それは、演じる者の心の探求、心の育成にあった」[★11]

ヨーガの深い研究、古代の伝統にさかのぼるテキストの比較、その再検討（ラーマクリシュナとラマナ・マハルシの教え）[★12]、グロトフスキと同時代のヨーガ解釈（アサーナ、アイアンガー）[★13]などが、ヨーガの利用の原則を発展させる助けになった。彼の言葉によれば、それは「流

★10　スタニスラフスキー八巻選集、第八巻、三二四―三二五頁。

★11　Schechner R., "Exoduction/The Grotowski Sourcebook", Ed. Liza Wolford and Richard Schechner, London; Routledge, 1977, p 473.

★12　グロトフスキは、以下の本を詳細に検討している。Brunton P., "A Search in Secret India", London, 1934, Rolland R., "The Life of Ramakrishta", Calcutta, 1933, Eliade M., "Yoga: Essai sur l'origine de la mystique Indienne", 1933. In English: Eliade M., "Yoga. Immortality and Freedom", Princeton. 1973 など。

れを変える」[★14]ことであった。一九六六年、実験劇場においてグロトフスキがヨーガの原則に基づく俳優トレーニングをリチャルド・チェスリャクと世に紹介したとき、彼はこう説明している。「ヨーガと私たちのレッスンの根本的な違いは、チェスリャクが大変動的で、すべてを外へと向けていることにある。このような外面化（exteriorization）は、ヨーガの内向化的（intraversive）性格を変化させる」[★15]

グロトフスキは、職を選ぶさいに東洋学者になるか心理学者、演出家になるかで迷ったことがあるし、自分は「スタニスラフスキーが終えたところから出発する」と主張し、一九七〇年にインド巡礼をしたあとには、仲間の演劇人だけでなく、実の兄弟さえ見分けがつかないほど容貌が変わっていたことがあり、晩年には、自分の遺骨は、遠く、彼にとっては近いインドの地に散骨してくれるよう遺言に託していた[★16]。そんなグロトフスキへのヨーガの影響を分析することは、個別の大変重要なテーマであろう[★17]。

一方で、ヨーガの手法の一般的な「方向転換」も明らかで、今日、全世界でどれほど多くの人々が容姿の維持やストレス解消のために《ハタ・ヨーガ》やさまざまな瞑想の諸法に取り組んでいるか考えれば、それは明白だろう。

ヨーガの諸技術を心の内面へ、心の高みへと向ける「方向転換」は（演劇的な目的での「方向転換」に限ってのことだが）かつて何年もかけてスタニスラフスキー自身が行なってきたことでもある。しかし、モスクワ芸術座の文書保管室に残されている《ハタ・ヨーガ》の本に書き込まれた無数の書き込みのなかに、ヨーガを一種のアクロバット的な身体訓練だとか、ただたんに東洋版体操だと見なす人々への警告を含んだ章が見られる。おそらく、スタニスラフスキーは自分にとってヨーガの何が一番大事なのか、わかっていたのだろう。それは、外面的身体的レッスンと精神修養の深い関連であり、自己完成の上昇ラインに貫かれた多様な一連の途

★13　アイアンガー（B・K・S）　一九一八年生。現代でもっとも著名なヨーガ行者。アイアンガー・ヨーガの創立者。ヨーガに関する著書多数。二〇〇四年、米国「タイム誌」で、地球でもっとも影響力のある一〇〇人に選ばれている。Iyengar B. K. S. "Light on Yoga". London, 1966 参照。

★14　グロトフスキ『貧しき演劇を目指して』前掲、二八二頁。

★15　同書、二〇〇頁。本書76頁における『貧しき演劇を目指して』からの引用は、以下の文章で終わっている。「私は、批判しているのではない。しかし、ヨーガのシステムは俳優のためにあるのではない。」（同書、二八一頁）この文脈から外れた一節をもって、多くの研究者たちが、グロトフスキは、ヨーガを自分の演劇に適応するのを拒否したのだと主張した。これが誤りであることは明らかだ。それは実験劇場の芝居やそのトレーニングのヴィデオ映像からも、グロトフスキの書いたものの詳細な読みからも明らかである。文字通りその次の一節は、ヨーガを拒否することの無意味さを述べているものだ。グロトフスキは、〈流れの方向転換〉という課題を自分に課したが、それはヨーガを俳優トレーニングに利用することに重点を置き換えるためだ。つまり相手役との交流における自己の内面への深化のことである（同書、二八二頁）。

★16　バシンジャギャン『伝記の輪郭――イェジェ・グロトフスキ、持たざる演劇から導き手としての演劇へ』モスクワ、二〇〇三年、二四頁、参照。

★17　このテーマがもっとも詳細に展開されているのは――Kapsali M., "The Use of Yoga in Actor Training and Theatre Making". pp. 84-99 である。

切れのない練習である。この途切れのない訓練の情熱こそ、言うまでもなく、スタニスラフスキーにとってもっとも大切なものであった。だからこそ、彼はラマチャラカの《ハタ・ヨーガ》と《ラジャ・ヨーガ》を詳細に研究し、それらの本から、《システム》のもっとも重要な原則をくみ取ったのである。

今日においても、これらの本とスタニスラフスキーの選集とを並べて置き、それらをゆっくりと比較しながら読むのは、きわめて面白い作業だ。アメリカのスタニスラフスキー研究者シャロン・カーニキは、スタニスラフスキーとラマチャラカの著作のテキスト比較を試みた最初の研究者だが、われわれも彼女の考えを踏襲しつつ、本書をさらに進めたいと思う。

2　ラマチャラカとスタニスラフスキーのテキスト比較の試み

前章で、ヨーガ文献を読んで、その用語がスタニスラフスキー・システムのなかに多々見られることを知ったワフタンゴフが、「ヨーガの文献からの用語に驚いた。明らかにスタニスラフスキーはヨーガ文献から引用している」[★18]と喜びをもって述べたことを紹介したが、用語だけでなく、《システム》の表現スタイルもアメリカのヨーガの本と多くの点で類似している。

たとえば、二人の著者、ラマチャラカもスタニスラフスキーも、無意識的なことを、われわれの心理的・創造的仕事を助ける〈友〉と呼んでいる。[★19]二人とも、無意識的なことが私たちの生活の九〇%を占めていると書き、読者を驚嘆させている。[★20]そのさい、スタニスラフスキーは出典を明らかにせず、ラマチャラカの本から心理学者のゲイツ[☆3]とモズリーの言葉をそのまま引用している。[★21]二人とも、教育と育成の本質が、ラマチャラカの言葉では「意識的な知性に従う無意識的な思考」、スタニスラフスキーの言葉では「意識的な分野からの指令で実行される思考の無意識的な分野の仕事」[★22]を適用する能力にあると考えている。二人は、記憶を〈倉庫〉と表現し、そこから人間の経験の一部が引き出されるとしている。[★23]最後に、こういった類似性もある。それは、真実を「誤解へと導く未完成の外面だけでなく、その真の姿において」捉えなおしたいという志向であり、[★24]また「舞台上の真実は、現実のそれとはまったく違う」という認識においてである。[★25]

★18 ワフタンゴフ『資料と証言』前掲、七三頁。
★19 スタニスラフスキー九巻選集、第二巻、四三六頁。(日本語版、第一部、四八五頁)
★20 ラマチャラカ『ラジャ・ヨーガ――人間の心理的世界に関するヨーガの教え』ロストフ、二〇〇四年、一八八頁。
★21 スタニスラフスキー九巻選集、第四巻、一四〇頁。
★22 ラマチャラカ、前掲書、二四一頁、スタニスラフスキー九巻選集、第二巻、六一、四二七、四三七頁。
★23 スタニスラフスキー九巻選集、第二巻、二九〇頁。
★24 ラマチャラカ、前掲書、九三頁。
☆3 スタニスラフスキーは、「ゲッツ」と誤って表記している。

今日、ラマチャラカの本を読むと、スタニスラフスキーの本で私たちには馴染みの多くのフレーズ、言いまわし、個々の単語に期せずして出会うのである。それればかりか「ラマチャラカの書いたものは明らかに、基礎的な知識や実技以上のものをスタニスラフスキーに与えている。スタニスラフスキーは、俳優が創造的な自己感覚を把握する手助けになるものを熱望していたが、まさにラマチャラカの著作は、その構造的なモデルを彼に提供してくれたのである」[26]

概して、スタニスラフスキーの《システム》は、創造的な自己感覚の習得を教えるものであり、それは「ヨーガの教義がその基本的な原則として、自分の思考の支配を教え」[27]、「知性を超えることを教える」[28]のと同じ方法なのである。

ラマチャラカは一貫したプログラムを提唱した。それは、《システム》同様、自分に対する精神的な仕事から身体的な外見的なものへの発展である。訓練のためのこれら二つのシステムが立脚しているのは、「人が外面的・宇宙的な秘密を開示しようと試みるその前に、彼は内面的な自己の世界を制御しなくてはならない」[29]という考えである。

そして自己を知ることとは、感性のレベルで達成されなくてはならない。ラマチャラカはこう強調する。「ヨーガの教師は、修行する者が自分の真の本質について知的な理解を得れば、それで満足というものではない。教師は、その者が理解したことの本質を感じ、真の《私》を自覚することを求めるものだ」[30]。ここから、「われわれの言語では、理解するとは、すなわち感じることである」[31]というスタニスラフスキーの幾度となく繰り返されてきた有名な命題も生じたのである。
だからこそ、《システム》の本、『俳優の仕事』の題名は、ヨーガの内面的なものから外面的なものへという自己完成の手順が反映して、『自分に対する仕事』(「体験の過程における」＝第一部、次に「具象化の過程における」＝第二部)、『役に対する仕事』(第三部)と名づけられたのである。さらには、「仕事」というきわめて重要な言葉も、ラマチャラカの本ではあちこちに散見される。「私たちが、知っているすべてことを自分のなかに取り入れる仕事をしてきたことを忘れてはならない。怠け者や不注意な人には、なにごとも向こうからはやってこないものだ」。ラマチャラカはこう弟子たちに厳しい言葉を贈っている。★32
当然のことながら、こういった問題の立て方は、ロシアに初の本格的な芸術劇場を創立した

★25 スタニスラフスキー九巻選集、第四巻、三八〇頁。(日本語版、第三部、四四四頁)
★26 Carnicke M. S. "Stanislavsky in Focus: An Acting Master for the Twenty-First Century". p. 173.
★27 Yogi Ramacharaka, A Series of Lessons in Raja Yoga/Project Gutenberg. http://www.gutenberg.org/etext/13656
(操作日二〇一二年二月一〇日)
★28 ラマチャラカ『ラジャ・ヨーガ——人間の心理的世界に関するヨーガの教え』前掲、九二頁。
★29 同書、八頁。
★30 同書、六頁。
★31 スタニスラフスキー九巻選集、第一巻、三七三頁。
★32 ラマチャラカ、前掲書、一四一頁。

スタニスラフスキーには身近なものであった。芸術座は「興行中心の芝居や手抜き仕事の芸を否定し、芸術をあらゆる忌まわしいものから浄化し、見世物小屋の代わりに聖なる場所を作る[★33]」という願いから創立された。創造における規律が強調されたのも、偶然ではない。それは、モスクワ芸術座の活動においても、研究所でも、そして《システム》の文献のなかでも強調された。「集団的な仕事においては、軍隊のように厳しくすることが、私の義務だと考えている」と、『俳優の仕事』で、トルツォフ[☆4]（スタニスラフスキー）の助手で好人物のラフマノフ（スレルジツキー）は宣言している[★34]。

このほかに、ラマチャラカの使っている用語で、スタニスラフスキー・システムにも応用されている言葉に、《課題》がある。ヨーガの行者たちもまた、自分の仕事が《精神的な課題》に立脚していると考えていた。

これ以外にも、ラマチャラカは『ラジャ・ヨーガ』のなかで、〈練習と訓練のシステム[★35]〉について触れている。一方、スタニスラフスキーも〈練習と訓練〉を含んだ《システム》を考案した。ラマチャラカは自分の弟子たちに〈道〉を示し、スタニスラフスキーは、自分の《システム》が〈道案内[★36]〉だと強調した。ラマチャラカが集中のためにもっとも重要と考えていた「検討し、討論する対象へ[★37]」の没頭は、俳優の武器庫のなかの〈注意の対象〉に呼応する。人間の思考は、戯曲同様、〈断片〉に分けることによってよりたやすく習得できる。狭い谷間に生える木々がヨーガで言うところの〈適応の原理〉によってその規模に自分の形を合わせるように、俳優も戯曲や芝居の与えられた状況のなかで〈適応の原理〉を利用する。ラマチャラカもスタニスラフスキーも〈願望〉が十分に強くなければ、人も役の人物もその目的に達することはできないと考えた。

スタニスラフスキーとラマチャラカの基本的な考え方が一致する例は枚挙にいとまがない。一点だけ、シャロン・カーニキと意見を異にするところがある。カーニキは、綿密なテキスト研究を行ない、スタニスラフスキーとラマチャラカのあいだに、きわめて興味深い一致点と類似があることを発見したが、それに夢中になったからか、ときどきスタニスラフスキーがあらゆる点でラマチャラカを踏襲したかのような描き方をしている。彼女はこう書いている。「『自分の教え子をその目的に導くさい、教え子にとってなによりも適している道が見つかるまでは、ひとつの道をともに歩み、その後、別々の道を行く』[★38]というヨーガの教師の姿勢を模範にして、

★33　スタニスラフスキー九巻選集、第一巻、二六八頁。
★34　スタニスラフスキー九巻選集、第二巻、四八頁。（日本語版、第一部、二三二頁）
★35　ラマチャラカ『ラジャ・ヨーガ――人間の心理的世界に関するヨーガの教え』前掲、六頁。
★36　スタニスラフスキー九巻選集、第三巻、三七一頁。（日本語版、第二部、四六四頁）
★37　ラマチャラカ、前掲書、四五頁。
☆4　トルツォフとラフマノフ／スタニスラフスキーの著作集『俳優の仕事』（未來社）は、すべてロシアの演劇学校の教育過程が描かれており、物語風に書かれている。主人公は学生のナズヴァノフ君で、彼らの先生（つまりスタニスラフスキー自身）がトルツォフ先生、助手がラフマノフと名づけられている。

スタニスラフスキーは、死の三か月前に自分の教え子の演出学科の学生たちにこう述べた。『俳優になんらかの道を手渡しする必要がある。その道のひとつは行動の道だ。もうひとつの道もある。諸君は、まず感情に作用させ、その感情から行動へ進むこともできる』と[★39]」

これは（カーニキの引用をより正確に言うと）、一九三八年の五月一五日、国立演劇大学（GITIS）の演出学科の学生や卒業生との対話のなかで述べられたスタニスラフスキーの考えである。ただ、この考えは、ヨーガの教師の例を模範にしたものでもないし、これ以前、四半世紀前に彼が読んだラマチャラカの本の原理をコピーしたものでもないだろう。この考えは、ヨーガを含む実に多くの資料、原典との対話のなかで、長い探求の総決算として出されたもので、ヨーガはきわめて重要な要素ではあったことに違いないが、唯一のものではない。もっとも大事なことは、この総決算の時期にスタニスラフスキーが、西欧の思考に特有の〈二元論〉を克服し、分析と具象化、俳優の内面と外面、心理と身体の全体的（holistic）な統一をはかる実技エチュードに重点を置いたということである。

もちろん、スタニスラフスキーにとって、ラマチャラカの本だけがヨーガや秘教的教えの情報を得る唯一の原典ではなかった。一九一六年、モスクワ芸術座は、ノーベル文学賞受賞者（一九一三年）でインドのベンガル出身のタゴールの戯曲『暗室の王』に取り組んだ。精神的な教えをテーマにしたこの寓意劇の中心には、謎めいた神秘的な王の姿がある。王は、いつも暗闇にまぎれて、臣下の前に現われる。臣下は、彼の本性を憶測するしかないし、ただただその存在を信じるほかはない。
　スタニスラフスキーは、この戯曲に見事に対応した。彼は、この「深い宗教的神秘劇」を上演することにモスクワ芸術座の演劇の幅とその俳優たちの演技力の幅を広げる可能性を見出していた。「タゴールやアイスキュロス、これぞ理想的なものです。私たちにこれを演じる力はないが、しかしやってみる価値はあります[★40]」とスタニスラフスキーはネミロヴィッチ＝ダンチェンコに書いた。この芝居は結局、上演されることはなかった（一九一八年一二月に一部を上演することで、稽古は終わっている）。しかし、この作品に取り組んだことで、スタニスラフスキーはヒンズー教や東洋の精神的価値についての知識を深めた。稽古中にインド哲学の講義を行なったのもそのためであった。こういった知識が、タゴールの作品の上演のためだけでなく、演劇活動そのものに必要だと感じたスタニスラフスキーは、一九一九年の三月、モスクワ芸術座の俳優たちとの新しい演劇形式についての対談のなかで、この話を継続するためにも、インド人スラヴァルディを再度招待することが必要だと提言している。[★41]
　しかし、もちろんのこと、スタニスラフスキーにとってヨーガの主たる知識源はやはりラマ

★38　ラマチャラカ『ラジャ・ヨーガ——人間の心理的世界に関するヨーガの教え』前掲、七一頁。
★39　Carnicke M. S. "Stanislavsky in Focus". p. 173.
★40　ヴィノグラツカヤ『スタニスラフスキー年代記』第二巻、モスクワ、二〇〇三年、五二〇頁。

チャラカの本であった。だからこそ、アメリカのヨーガ行者と《システム》の著者との著作の対比に大きな重点を置いてきたのである。

スタニスラフスキーが、人間に関する古代インドの教義を研究し始めたのは、一九一一年のことで、それはまさにモスクワ芸術座で彼の《システム》が公式のメソッドとして公言された年であった。その意味で、彼の研究はたんなる「スタニスラフスキーのいつもの熱中癖」とは違っていた。この研究は、スタニスラフスキーとその弟子たちの探求へのヨーガの長期にわたる実り豊かな影響の産物なのである。スタニスラフスキーが存命中の何世代かにわたる俳優たちは（一九一〇年代の第一研究所の俳優も、一九二〇年代のオペラ研究所の歌手たちも、一九三〇年代のオペラ・ドラマ劇場の研究生たちも）ヨーガを下敷きにしたシステムの基礎的な稽古を通過してきたのである。スタニスラフスキーの死後も何世代かにわたって俳優たちは、《システム》に沿った毎日の基礎練習を行ないながら、ヨーガの教義に多大な恩恵を被っていることになる。ときにはソ連時代の文化・芸術に対する検閲制度の「おかげで」それがヨーガであるとは気づかずに……。現代の演出家レフ・ドーヂン[☆5]は「俳優が正しく演じていれば、それはスタニスラフスキーのシステムで演じていることなのだ。たとえ彼がそのシステムを毛嫌いしていても……[★42]」と言っているが、そのフレーズを借りるなら、「俳優がスタニスラフスキー・システムでトレーニングを行なっているなら、それは長い歴史を経てきたヨーガの経験に則ってやっているということだ。たとえヨーガを一度も体験していなくても……」と言い換えることができる。

ラマチャラカとスタニスラフスキーのテキストを比較して読む試みは、俳優の創造的な自己感覚の諸要素を新たに論議する可能性を与えてくれる。それは、ヨーガの教義と直接かかわっているスタニスラフスキー・システムの諸要素である。そのなかには、筋肉の解放、交流、放射と吸収、注意、ヴィジョンなどがある。とくに注意を払うべきは、潜在意識や超意識を含む人間の無意識の活動の構造に関するスタニスラフスキーの考え方である。というのも、スタニ

★41　スタニスラフスキー九巻選集、第六巻、四八八頁。ハサン・シャヒド・スラヴァルディ（一八九〇—一九六五年）は、パキスタンの詩人、歴史家、外交官。マクシモヴァは、「モスクワ芸術座のもっともユニークであまり知られていない、近しい座友の一人」と書いている（「ミネモジーナ」誌、「ロシア演劇史の資料と事実」モスクワ、二〇〇六年、一八〇頁）。モスクワ芸術座やそのプラハ・グループの協力者で、スタニスラフスキーの息子イーゴリ・アレクセエフが出演した芝居の演出もしている。のちに『ハムレット』を再演したカチャーロフの手伝いもしている。とくに『暗室の王』の演出をしたゲルマノヴァと親しく、一九三〇年代には、彼女をインドへ招待している。そのさい、彼女は画家のニコライ・レーリヒと交流し、仏教に関心をもった。一九五四年からスラヴァルディは、スペインやバチカンのパキスタン大使を務めている。
★42　ドーヂン『人間——悲劇的な存在、人間には悲劇が必要』コヴァレンコのインタヴュー、「イズベスチヤ」紙、一九九七年五月六日付。
☆5　ドーヂン（レフ）一九四四年生。サンクト・ペテルブルグ・マールイ・ドラマ劇場の主席演出家で、現代ロシアを代表する演劇人である。一九八九年に銀座セゾン劇場で日本公演（『兄弟姉妹』など）があり、その斬新な演出・演技は日本の演劇人に衝撃を与えた。

スラフスキーは、創造的状態と無意識的なものの関係の基本的な思想を《ラジャ・ヨーガ》からくみ取っており、インスピレーションや創造的直観や超越的《トランセンデント》認識の源泉としての超意識に関する知識をそこから得ているからだ。だからこそ、スタニスラフスキーは『俳優の仕事』の序文に、「俳優の舞台上の自己感覚における潜在意識」という章がこの本のキーポイントになると指摘するのである。そこに、彼にとっては「創造の本質、《システム》の本質」があるからだ。★43

本書の第3章では、スタニスラフスキー・システムのヨーガ的要素を詳しく分析することにする。

★43 スタニスラフスキー九巻選集、第一巻、四二頁。

第3章　スタニスラフスキー・システムにおけるヨーガの要素

スタニスラフスキーが描いた《システム》の図[★1][☆1]と身体の背骨に沿って置かれているヨーガのチャクラ[☆2]（エネルギーのセンター）の位置を比べてみよう。スタニスラフスキーの図は、人体の諸組織を思い起こさせる。そこには、俳優の心と身体の創造的な自己感覚のさまざまな要素を意味する二色の無数の曲線が描かれている。それは、人間の左右の肺にも似ていて、垂直のライン（山脈）の左右に置かれている（スタニスラフスキーの図では、この垂直の線は役のパースペクティヴ、一貫した行動を意味している）。

この垂直のラインには、三つの輪——知性、意志、感情という精神活動の三つの原動力が置かれている。それは、ヨーガの図に描かれているチャクラと同じ輪だ。このように、この精神

★1　スタニスラフスキー八巻選集、第三巻、三六〇頁。

活動の原動力は明らかに人のチャクラと同様のものであり、ある意味では、俳優のエネルギーの源泉である〈俳優のチャクラ〉なのである。

この図の構図は、スタニスラフスキーにとって偶然の産物とは決して言えないだろう。人間の身体組織との類似は、生命体の法則であり、人間＝俳優の心身の法則である《システム》諸要素の自然科学的な基礎、自然の基礎を強調するものだった。

スタニスラフスキーがラマチャラカの本と出会ったのは、《システム》確立に向けての分析の時代であった。それは、スタニスラフスキーが創造的な自己感覚の客観的に存在する要素――人間の身体組織の自然な機能――を描く法則を収集していたころである。『論文の構想――私のシステム』（一九〇九年）という原稿（初めて《システム》という用語が使われたその原稿）には、正しい創造的な自己感覚にとって必要な要素として、〈筋肉の緊張と緩和〉、〈交流〉、〈創造的な集中、あるいは注意の環[★2]〉が挙げられている。ヨーガは、こういった俳優の質を向上させる具体的な技術をスタニスラフスキーに提供した。

ヨーガは、スタニスラフスキー・システムの基本的な諸要素の形成に大きな影響を与えたわけだが、ここではその諸要素を、八つの段階をもつ古典ヨーガの構造に見られる自己完成の上昇ラインに沿って検討していこう。

《ハタ・ヨーガ》から始めよう。ラマチャラカは、ヤマとニヤマという最初の二段階に触れず、古典ヨーガの三つ目と四つ目、アーサナ（身体訓練を通して知性と身体を統合する手法）とプラーナヤーマ（リズミカルな呼吸を通してプラーナをコントロールする手法）について述べている。ここから、スタニスラフスキーは筋肉の弛緩と緩和の技術を借用し、さらには、オペラ研究所における彼の仕事を分析したときにも指摘したが、リズミカルな呼吸の技術と原則もここから借りてきている。[★3]

★2　同前、第二巻、XVIII頁。

★3　この手法の現代的な利用については、本書「はじめに」で触れた文献、チョールナヤの『ヨーガの呼吸運動を利用した発声のための呼吸教育』モスクワ、二〇〇九年を参照。

☆1

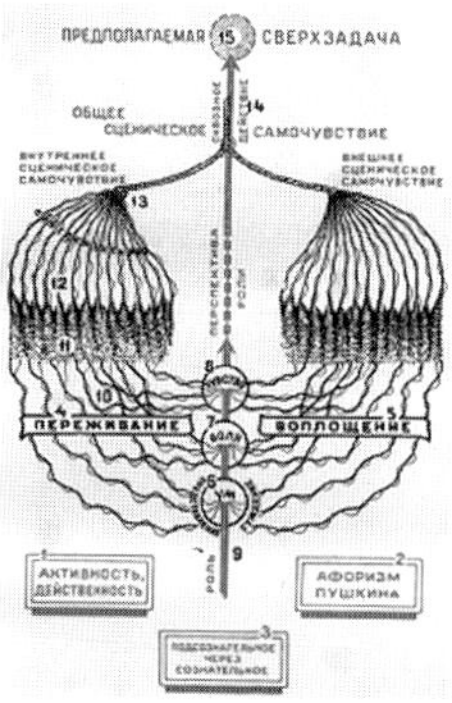

スタニスラフスキーが描いた《システム》の図

☆2

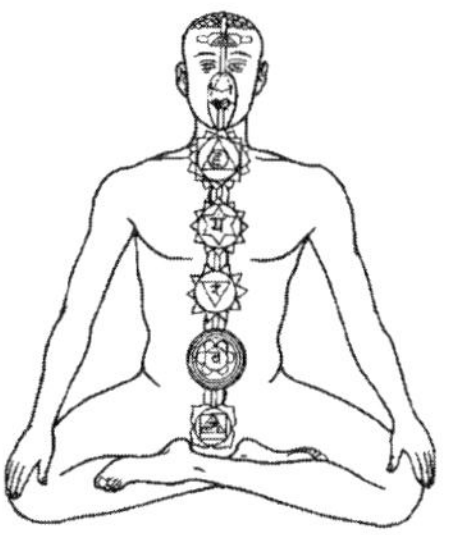

チャクラ

1　筋肉の解放

創造的な自己感覚を得る最初のステップとして、スタニスラフスキーが考えたのは、筋肉の緊張を緩和することだったが、彼自身は直接アサーナの実技、すなわちヨーガのポーズを実践していたわけではない（ついでに言っておくと、ラマチャラカも直接ヨーガのポーズに言及していたわけではない）。しかし、身体の弛緩の手法を教育することに大きな注意を向けていたのである。

《筋肉の緊張からの解放》という第二二章のなかで、ラマチャラカはこう書いた。「グルやハタ・ヨーガ行者は、筋肉の安静を保つ手法を教えながら、弟子たちに猫やヒョウやチーターなどネコ科の動物に注意を向けるよう指示している」[★4]。スタニスラフスキーもこの教え方をすぐに取り入れた。『俳優の仕事』第一部の「筋肉の解放」の章では、芝居の最中に緊張から怪我を負ってしまい、トルツォフ先生の授業を休まざるを得なくなった生徒のナズヴァノフが家で猫を「先生」にして学ぶ様子が描かれている。そのナズヴァノフを見舞いに来たトルツォフ先生の助手のラフマノフ（スレルジツキー）は、彼にこんな教えを説く。

「『インド人は、子供が横たわるように、動物が横たわるように横になれって教えているぜ……動物のようにさ！　――彼は自信ありげに繰り返した――確信をもちたまえよ』

さらに、ラフマノフは何のためにこんな稽古が必要なのかを話した。子供や猫を砂の上に寝かせて、リラックスさせるか、眠らせてしまう。それからそっと持ち上げてみる。砂の上には身体全体の跡が残っている。ところが大人で同じことをやってみると、砂の上に残っているのは強く押しつけられた肩胛骨と仙骨の跡だけだ。他の部分は恒常的で慢性になっている筋肉緊張のため砂にはきちんとつかず、跡をあまり残さない。

子供のように横たわり、柔らかいところに身体の跡が残るようにするには、あらゆる筋肉の緊張から解放されなくてはならない。それがもっとも身体を休める状態だ。こういう状態なら、三〇分か一時間で元気を取り戻すことも可能だ。一方、そうでない状態なら、一晩じゅう寝ても疲れがとれないということもありうる。キャラバンの駱駝引きがこういった方法に頼るのもうなずける。砂漠に長いこと留まるわけにはいかないので、なるべく眠りを少なくする。休んでいる間に疲れた身体を元に戻すため、筋肉の緊張から身体を完全に解放してやるのだ★5」

ラマチャラカの『ハタ・ヨーガ』でこれに続く第二三章は、「筋肉の緊張からの解放の原理」と名づけられているが、そこでラマチャラカは、一連の「解放の練習」を提起し、その後、「ストレッチ体操」や「頭の休息」の練習、「一分間休息」の練習へと移行する。こういった練

★4　ラマチャラカ『ハタ・ヨーガ』http://readr.ru/yog-ramacharaka-hatha-yoga.html#page=12（操作日二〇一二年二月二六日）

★5　スタニスラフスキー九巻選集、第二巻、一九〇頁。（日本語版、第一部、一九〇頁）

習の例はスタニスラフスキーにもたくさんある。さらに言うなら、このような練習はだいたい共通の内容をもっている。スタニスラフスキー・システムのこの部分は、もっとも未完成のひとつであり、未解決であり、今後まだまだ発展が見込まれる分野でもあり、ヨーガに限らずさまざまな方法論が取り入れられるべき分野でもある。だからこそ、筋肉解放にかかわる現代の俳優訓練においては、以前からの練習に加えて、東洋の武道や生体エネルギー分野、整体の分野などからアプローチがさかんに行なわれているのだ。[★6]

2　交流とプラーナの放射

スタニスラフスキーがヨーガから取り入れてきたもっとも重要な要素は、〈プラーナ〉の考えである。これは、「風」、「呼吸《いき》」、「生命」などを意味するサンスクリット語で、ヨーガ哲学では、人間の生命の本質、霊《こころ》を意味している。生命のエネルギー（プラーナ）の光線は、ヨーガによると、意識的に統制できるもので、まさにこのプラーナの〈放射〉こそ、スタニスラフスキーにとって、相手役との、自分との、対象物との、そして観客との真の交流を保証する手段になったのである。シャロン・カーニキがいみじくも述べているように、「スタニスラフスキーにとって、プラーナの放射は相手役や観客を、俳優の感性の生命力で感染させる手段にな

った」のである。★7

スタニスラフスキーの学んだラマチャラカの規定によると、「プラーナは世界エネルギーを意味し、引力の法則や電力、惑星の回転運動、そしてもっとも高次元のものからもっとも低次元までのすべての生命形態に現われるあらゆる運動や力、エネルギーの本質を意味している。プラーナはあらゆる力、エネルギーの気のようなものだ。それは、一定の形で動きながら、あらゆる生命に固有の活力を生み出す原理でもある。

プラーナは、物質のすべての形態に存在するが、しかし、物質ではない。大気中に存在するが、大気ではないし、大気を構成するなんらか化学的物質のひとつでもない。プラーナは、私たちが食べる食物にも存在するが、食物の栄養素のひとつというわけではない。それは、私たちが飲む水の中にもあるが、水を構成する要素のひとつでもない。それは、太陽の光にも存在するが、光線の暖かさでも明るさでもない。プラーナは、物質に固有の《エネルギー》にすぎず、あらゆる物質はそのプラーナの伝導体にすぎない」★8

さらにヨーガの原理によると、プラーナの光線は、精神的・非言語的交流のなかで、放射さ

★6 詳細は、グラチョーヴァ『俳優トレーニング――理論と実践』サンクト・ペテルブルグ、二〇〇三年、参照。
★7 Carnicke M. S., "Stanislavsky in Focus: An Acting Master for the Twenty-First Century", p. 178.
★8 ラマチャラカ『ハタ・ヨーガ』前掲。

れ吸収されるものだ。

スタニスラフスキーがフランスの心理学者リボーから取り入れた〈情緒的記憶〉や〈吸収〉と〈放射〉、〈光線の放射〉と〈光線の吸収〉などの概念と、ヨーガのプラーナの考え方とのあいだに共通項を見出したときのスタニスラフスキーの喜びはいかほどであったろう。これは彼が〈交流〉のプロセスについて書くうえでの、基本にかかわる原理だったのだからなおさらのことである。『俳優の役に対する仕事』（『俳優の仕事』第三部）の「知恵の悲しみ」の稽古（一九一六—一九二〇年）の章に付けられた注釈のなかで、クリスチーとプロコフィエフは、これらの用語は、スタニスラフスキーがリボーの著書『注意の心理学』から援用してきたもので、その本からの抜き書きがモスクワ芸術座付属博物館の保管文書のなかに残っている、と書いている。[★9]リボー自身はプラーナという概念は使っていないが、〈放射〉の考え方は、エネルギーの交代という現象を別の言葉で言い表わしたことにほかならない。スタニスラフスキーは『注意の心理学』を一九〇八年に、つまり『ハタ・ヨーガ』を知る以前に読んでいる。その本の序文のなかでリボーは、人間の精神生活のメカニズムは、「途切れなくお互いに交代する内面的・心理的なプロセスから成り立ち、またある一定の法則の作用のもとで相互に反発したり、相互に統合したりする感覚や感性、思考やイメージから成り立っている。実は、これはよく言われるような鎖状のものでも、列状でもなく、むしろさまざまな方向へさまざまな面を貫く〈放射〉（傍点筆者）とでも言うべきものだ[★10]」と書いた。

ここで、指摘したいのが、私たちのまわりの空間を貫く〈光線[☆3]〉という思想が、二〇世紀初頭に、ロシアの多くの芸術家の心をとらえていたという事実だ。ある意味で当然のことで、アレクサンドル・ポポーフがラジオ（電波）放送を実現して、目に見えない光の線の放出や受信というイメージが日常生活に入ってきたのが一八九七年のことなのだ。一九一三年には、ラリオノフ[☆4]が絵画の新傾向として、光線主義（ルチズム、フランス語ではレイヨニズム）を宣言し、《四次元の伝達》をその課題とし、〈物質の内的本質〉の反射としての光線をとらえ、表現することを目指した。[★11]このような、一九世紀末から二〇世紀初頭にかけての技術的な新発見が、人間の本性（自然）に関する何世紀にもわたるヨーガの教えに新たな尺度を与えたのである。そ

★9　スタニスラフスキー八巻選集、第四巻、四九〇頁。

★10　リボー『注意の心理学』サンクト・ペテルブルグ、一八九七年、五頁。S・ギッピウスの本では、この部分は、もっとわかりやすい翻訳になっている。「知的活動のメカニズムは、内面的なプロセスの絶え間ない交替で成り立ち、一定の法則に従って、くっついたり離れたりする一連の感覚や感情、思想、イメージで成り立っている。それは、さまざまな方向への、さまざまな層での放射であり、絶え間なく作られては壊され、また作られる動的な集合体である」（S・ギッピウス『俳優トレーニング――感情の体操』サンクト・ペテルブルグ、二〇〇七年、二九二頁）

★11　ラリオノフ『ルチズム（光線主義）』モスクワ、一九一三年、参照。

☆3　ЛУЧというロシア語で、必ずしも光の線だけではなく、電波や放射線など目に見えない放射の線も含まれる。

☆4　ラリオノフ（ミハイル）一八八一―一九六四年。マレーヴィチと並ぶロシアの抽象絵画の創始者。一九一三年に光線主義（ルチズム）を提唱。一九一五年からはパリで活躍。

して現代科学は、放射の可能な人間の生体エネルギーの存在を実験的に確証している。スタニスラフスキー・システムの基礎的な概念――〈光線の放射〉、〈光線の吸収〉、〈放射〉――も、たんなるイメージとしてのみ受け入れられるのをやめ、グラチョーヴァの指摘するように、「現代の科学の視点から、超自然的なものとは思われない」[★12]ようになったのである。

スタニスラフスキーが、プラーナの考えをどのように利用したか、見てみよう。

『俳優の仕事』第一部の「交流」の章で、スタニスラフスキーは、交流のタイプをいくつかに分けている。それは第一に、対象となる物との交流、第二に、自分との交流、第三に、相手との交流、第四に、観客席との交流である。そして、相手役がいないときに発せられるモノローグを第二の交流（自分との交流）――〈自己交流〉と呼んだ。実は、俳優は相手役がいないと、この二つの〈交流する中心〉を失い、〈注意力が散漫な方向の定まらないもの〉となり、その結果、観客の前で演劇的なかたちだけの朗読に走ってしまうことが多いのだ。これは、どうしようもない問題に思えてくる……。

「実際の生活ではほとんどありえないことを、どうすれば舞台上で正当化できるだろう?」[★13]と、トルツォフ先生は問いかける。[☆5] そしてこう続ける。「しかし、私はこうした状況からいかに抜け出るかを会得した（傍点筆者）。じつは、われわれの神経や精神活動の中心と一般に考えられている大脳のほかに、心臓の近く、太陽神経叢のところにもうひとつの中心があることを知ったのだ。私はこの二つの中心を結びつけて対話をさせてみることにした。この二つが自分のなかにはっきり存在するばかりか、対話を始めたような気がした。大脳中枢は意識を司り、太陽神経叢の中枢神経は情緒を司っているように感じられた。このように、私の感覚では、知性が感情と交流しているようだった[★14]」

いったいだれの教えで、スタニスラフスキーが「会得した」のか、興味深いところだ。彼が口に出さなかった人物がだれであるかは明白だ。もちろん、ラマチャラカのことである。ラマチャラカの『ハタ・ヨーガ』で、スタニスラフスキーは〈神経系統の重要な部分としての太陽神経叢〉について、また〈プラーナが蓄積される中心〉について読んでいるからだ[★15]。

また彼は、次のようなラマチャラカの主張も見落としてはいない。「神経系統にかかわる重要な問題で、ヨーガの教えは西欧の科学に先んじている。この問題とは、西欧の科学用語で〈太陽神経叢〉と名づけられていること、また西欧科学では、体じゅうに分散している神経節から走る交感神経のたくさんある神経叢のたんなるひとつにすぎないと思われていることだ。

★12　グラチョーヴァ『内面の自由の訓練──創造的潜在力の活性化』サンクト・ペテルブルグ、二〇〇五年、五頁。
★13　スタニスラフスキー九巻選集、第二巻、三二三頁。(日本語版、第一部、三四六頁)
★14　同前。
★15　ラマチャラカ『ハタ・ヨーガ』前掲。
☆5　たとえば「実生活では独り言を大声で言ったりする機会はあまりない」とトルツォフ先生が述べたあとに、問いかけている。スタニスラフスキー『俳優の仕事』第一部、三四六頁、参照。

ヨーガの教えは、太陽神経叢を神経系統のもっとも重要な部分とみなしている。それは、人間の心身において主要な役割のひとつを果たしている脳の独特な形態である」[★16]。ここで、ラマチャラカは、公正にもこう強調している。ヨーガは太陽神経叢を〈プラーナの蓄積される主要なセンター〉とみなし、「〈太陽〉という名前そのものが、そこから身体のすべての部分に力とエネルギーを放射するこの〈脳〉に完全に合致している。そして、大脳もその活動をプラーナ蓄積のセンターであるこの部分に左右されているのだ」[★17]

スタニスラフスキーが下敷きにしたこの教えは、『俳優の仕事』第一部のなかで、独自の解釈を加えられた。スタニスラフスキーの言葉によると、吸収と放射のさい、俳優のあいだでのエネルギーのやり取りは、観客席を考慮して行なわれ、そのときそのときの体験の真実を確認するものとして、受け止められる。これ以外に、俳優と観客のあいだでのエネルギー光線の交換もある。「創造的に高揚した瞬間に舞台と客席とのあいだで交わされる吸収と放射のプロセスをなんらかの計器を使って見ることができるとしたら、われわれ俳優が客席に送り、平土間に座る多くの人々（生命体）から逆に受け取る流れ（一九三六年にはプラーナのもうひとつの同義語として使われた――傍点筆者）の圧力に、いかにわれわれの神経が耐えているかを知って、驚くにちがいない！」とトルツォフ先生は、強調している。[★18]

そして一九一二年三月、トルツォフ先生ならぬ、スタニスラフスキー自身が「システムに基づいて」『田舎娘』（ツルゲーネフ原作）の六回目の公演を演じ、「太陽神経叢との交流のおかげで、気分よく、演じられた」と記している。[19]

ところで、トルツォフ先生＝スタニスラフスキーが想像した「計器」が、実際に使われていることも、付言しておこう。二〇世紀末に、人間の生体エネルギー場の測定が可能になった。ひとつだけ例を挙げておこう。Ｌ・グラチョーヴァの報告によると、精密力学・光学研究所で、コロトコフをリーダーとするペテルブルグの研究グループが、《コロナＴＶ》という計器を開発した。それは、身体を取り囲む発光、いわゆる〈オーラ〉の面積や色合い、欠損状態の分析をもとに、精神物理学的状況を測定し、記録するものだった。[20] サンクト・ペテルブルグの演劇アカデミー付属・演技の精神生理学研究室では、この計器を借りて、演技中の俳優のまわりの〈放射〉のいくつかの数値測定に成功したばかりか、教育を受ける学生たちの精神・生理学的特徴の変化に関して、興味深い結果が得られている。[21]

スタニスラフスキーによると、プラーナは、俳優同士の交流の過程だけで発生するわけでは

★16　ラマチャラカ『ハタ・ヨーガ』前掲。
★17　同前。
★18　スタニスラフスキー九巻選集、第二巻、三四七頁。（日本語版、第一部、三七四頁）
★19　ヴィノグラツカヤ『スタニスラフスキー年代記』第二巻、前掲、三三二頁。
★20　グラチョーヴァ『俳優トレーニング――理論と実践』前掲、一一二頁。
★21　同前、一一〇頁。

ない。あらゆる優美で造形的な身体表現《プラースチカ》やそのさいのインスピレーションもまたプラーナと関係している。スタニスラフスキー八巻選集の第三巻の註において、クリスチーがプラーナという言葉を、エネルギーというより〈科学的〉な言葉に置き換えたことを思い出していただきたい。

『俳優の仕事』第二部を読むと、トルツォフ先生の次の言葉が理解できる。「〈造形的な身体表現〉の基礎には、目に見える外面的な流れではなく、エネルギーの目には見えない内面的な流れが置かれなくてはならない。それをさらに、律動的でアクセントのあるテンポ・リズムに一致させる必要がある。この体の中を通っていくエネルギーの内面的な感覚を、われわれは動きの感覚（つまり、スタニスラフスキーの原典のヨーガ用語なら、プラーナのこと――筆者）と呼んでいる」[★22]

一九三〇年代半ばの原稿『演劇学校のカリキュラムと俳優教育に関するメモ』のなかで、スタニスラフスキーは、書かれなかった章のひとつを挙げているが、その内容は「動きの感覚（プラーナ）」という名前で展開されるはずであった。[★23]スタニスラフスキーはこう指摘する。「俳優は、自分の動き、意志、感情、思考を感じなくてはならない（傍点スタニスラフスキー）。それは、意志があれやこれやの動き（プラーナ）を行なわせるためであり、動きが意味のあるものになるためにだ[★24]」

このように、俳優の造形的な身体表現の教育についても、また動きの感覚の発展についても、あらゆるところで、スタニスラフスキーは、若いころから身につけていたヨーガの立場から問題にアプローチしていたのである。
再び、ガレンデエフの言葉を借りよう。スタニスラフスキーは晩年、俳優の造形的な身体表現や舞台上での存在そのものがプラーナの放射と関連があるとして、稽古を進めていたが、その稽古を例に、ガレンデエフはこう書いている。「人の深く長い執着というものが、どのように成り立っているか、私たちはあまり理解することも、知ることもできなかった。その〈根源は、奥深く隠れていたのだ〉。いったいどうしてスタニスラフスキーは、音声や言葉、行動や動きのなかでの抒情的旋律《カンティレーナ》、途切れのない歌うようなラインにあれほど執着したのか……。想像できるのは、この途切れないラインこそ、スタニスラフスキーのイメージでは、言いよどみや脱線に途切れず、浪費せずに精神的エネルギー、つまりプラーナが通過し自由に放射される唯一の道だったということだ[★25]」

このように、ヨーガは、リボーの理論と「結合されて」、スタニスラフスキー・システムの根幹に導入されたのである。これに関連して、スタニスラフスキーの観点が折衷主義だという非難が浴びせられる可能性もあるが、しかし、それは見当外れだ。彼は、なんでも科学的なも

★22　スタニスラフスキー八巻選集、第三巻、四九頁。
★23　同前、四二〇頁。
★24　同前、三九四頁。
★25　ガレンデエフ『舞台用語に関するスタニスラフスキーの教え』前掲、一〇五頁。

のなら、すべてもろ手を挙げて賛成し、《システム》に取り入れたわけではない。そればかりか、科学という言葉にも、彼はある疑問符をつけていた。ラヂーシェヴァの資料によると、一九一九年の一一月に、モスクワ芸術座の俳優たちのために行なわれたレクチャーで、スタニスラフスキーは「科学は、役を生きる芸術の助けにはならない」と述べ、さらに『芸術における科学が、昨今いたるところで大きな顔をしている』と、メイエルホリドが描いた三角形のことを念頭において語っている。そういったものは、スタニスラフスキーの考えでは、創造の自然の妨げになる。スタニスラフスキー自身は別の科学に助けを求めた。それは、心理学、生理学、そしてヨーガの教義である。そして自分の《システム》を発展させるさいにスタニスラフスキーがとくに多く取り入れたのが、ヨーガの教えだった。この最初のレクチャーで彼はこう述べた。「『千年以上前に彼らが探求していたことは、いま私たちが探求していることと同じことだったということがわかった。ただ、私たちはそこから創造へと向かい、彼らは自分の彼岸の世界へと向かって行った』と」[★26]。もちろん、スタニスラフスキーが関心をもった科学はただひとつ、人間学という科学であり、そこから彼が得たあらゆる知識は、彼の俳優としての経験によって常に検証されたのである。

次に、スタニスラフスキーを引きつけたラマチャラカの《ラジャ・ヨーガ》の諸原理を見てみよう。これは、パタンジャリの《ヨーガ・スートラ》の第六番目と第七番目の段階のことだ。

3　注意力

スタニスラフスキーは、《ラジャ・ヨーガ》から注意の集中力と観察力を研ぎ澄ます具体的な方法を会得している。多角的な注意力を高める何世紀にもわたって発展させられてきたヨーガ・トレーニングと集中力を強化する実践的な方法は、あたかも、俳優の心理技術向上のために利用されるのを待っていたかのようである。ヨーガ行者は、注意力を発展させる訓練のなかで、気をそらすような刺激行動を克服することをまず教える。彼らは、注意力をコントロールする方法を教え、思考がたえずあれこれ移り変わるのと同様、ひとつの思考や対象に強く集中している人がほかのことに気づかない場合があることを例に、注意の散漫さを克服する方法を教える。

スタニスラフスキーは、『俳優の仕事』第一部の第五章「舞台における注意」にヨーガの訓練を導入している。《ラジャ・ヨーガ》の第五章も「注意の教育」と名づけられているが、この文章構成の偶然の一致もまた象徴的な感じがする。スタニスラフスキーもラマチャラカも、

★26　ラヂーシェヴァ『スタニスラフスキーとネミロヴィッチ＝ダンチェンコ——二人の歩んだ道　一九一七—一九三八』前掲、六〇—六一頁。

伝統的なヨーガの訓練から始める。その訓練は、対象物に対して集中すること、また、ある物体が視野から消えたあとに、その物体の外面と本質の細部を記憶にとどめることである。スタニスラフスキーは、舞台に必要なかたちでこれらの訓練を展開し、彼が開発した〈注意の環〉という考えをそこに取り入れた。それは、観客席を前にして集中力を向上させ、また〈観衆の前での孤独〉[☆6]を確立するためにも不可欠なことだった。スタニスラフスキーにとってもっとも大事なことは、俳優が舞台上で、自分自身のことや、自分が観客席に与える印象などについて考えるのではなく、与えられた課題や相手役に集中することであった。自己コントロールのことばかり考えることは、かえって俳優の演技に支障をきたすことでもある。

驚くべきことは、ラマチャラカもまた第五章で同様の問題を扱っていることだ。彼は、なんと俳優の仕事について触れているのだ！　ラマチャラカは、観客の前で仕事する人への助言を書いている。「俳優、宣教師、演説者、あるいは作家は、自分がしていることのより良い結果を達成するためには、自分自身のことを考えるのをやめなくてはいけない。話の対象から気をそらさず、〈自己〉については考えないことだ」[★27]

第五章で、〈注意の環〉と〈観衆の前での孤独〉について述べながら、トルツォフ先生は「インドのおとぎ話」を例に出している（これはヨーガの教え〈スートラ〉のカモフラージュである。これが頭に浮かんだときのスタニスラフスキーの微笑が見えるようだ――傍点筆者）。

「インドのマハラジャ（藩主――訳註）は、自分のもとで大臣を務める人物を探していた。牛乳がなみなみと注がれた大きな壺を持って、一滴もこぼすことなく、町のまわりの城壁をひとまわりできた者を大臣にすると彼は決めていた。たくさんの人々がこれに挑戦したが、途中で呼びかけられたり、脅かされたり、邪魔されたりして、みな牛乳をこぼしてしまった。

『こんなことでは大臣になれない』とマハラジャは言った。

そこへ一人の男が現われた。叫んでも、脅かしても、策略を講じても、男の視線は牛乳がなみなみと注がれた壺にじっとそそがれたままである。

『撃て！』とマハラジャが命じた。

銃声が轟いたが、それでも男はびくともしない。

『この男こそ大臣だ！』とマハラジャが言った。

『お前は叫び声が聞こえたか？』と彼は男に尋ねた。

『いいえ』

★27　ラマチャラカ『ラジャ・ヨーガ』前掲、一二六頁。

☆6　英語では“Solitude in Public”と訳され、日本語でも「公開の孤独」などと訳されてきた。あたかも観客などいない、自分の家の中で「普段通り」の生活をするように自然に演じるべきだというスタニスラフスキーの教えのひとつだが、それを舞台の芸術形式と誤解され、彼が「自然主義的演劇」を提唱したかのように捉えられた。しかし、これはあくまで「観客席という大きな黒い穴」に気をとられ、自然な演技ができなくなる演劇学生向けの教育的表現であって、それを経て、さまざまな流派の芝居にも出られるようになるための心の準備、いわば、心のストレッチ体操について述べたものだ。

『脅かされていたのには気づいていたか？』

『いいえ、私は牛乳を見ておりました』

『銃声は聞こえたかな？』

『いいえ王さま、私は牛乳だけを見ておりました』

環の中にいるというのは、こういうことだ！　これこそが本当の注意の集中だ。しかも、暗闇ではなく、明るいところで注意を集中させているのだ！——先生はこんなふうに物語をしめくくった★28」


ここに書かれていることこそ、ヨーガを例にした〈注意の環〉における〈観衆の前での孤独〉にほかならない。

ヨーガナンダの本にも同様のエピソードが書かれていることに注目をする必要がある。カルカッタの騒々しい中心街で、こういった自己感覚を得ることのできた若い人の話である。彼は、「行き交う人々、走る路面電車や車、牛車、鉄の輪を付けた馬車が、まったく音も立てずにそばを流れていく、そんな《静寂の繭《まゆ》の中》にいたのである★29」

4 心の視覚のヴィジョン（映像）

スタニスラフスキー・システムの重要な要素「心の視覚のヴィジョン」は、ヨーガの瞑想技術と関連している。「内面のヴィジョン」の必要性について、「ヴィジョンの映画フィルム」の作成について、また「俳優の夢想」の重要性についてのスタニスラフスキーの考えは、〈想像〉というもうひとつの自己感覚の要素と結びついている。これは、『俳優の仕事』第一部の第四章「想像力」で、検討されていることだ。

この章では、生徒たちにたくさんの課題が出されているが、そのひとつ、自分を木であると想像する課題に注目してみよう。トルツォフ先生は、その木の種類や高さ、葉っぱの色や大きさなどについて聞き、さらに枝の虫や鳥を想像し、地面の下の根っこや明るい空へと伸びる枝を感じるように指示して、生徒たちから、見えている具体的なヴィジョン（映像）を得ていく。

さらに、そのときの天気とかかわる気分感情や、まわりの木々の音、その丘の高さ、そこに孤立して一本だけ生えている樫の老木、その時代、歴史的な出来事さえ、そこに付け足してい

★28　スタニスラフスキー九巻選集、第二巻、一六四頁。（日本語版、第一部、一六〇頁）

★29　Yogananda P., "Autobiography of Yogi", Los Angeles, 1993, pp. 94-95 または、P・ヨーガナンダ『ヨガ行者自伝』第九章、モスクワ、ソフィア、二〇一二年、また、ヨーガナンダ『ヨガ行者の自伝』モスクワ、ソフィア、二〇一二年、http://www.orlov-yoga.com/Yogananda/Aut9.htm 参照。（操作日二〇一二年二月二六日）

く。老大木の樫の木を想像した生徒は、そのまわりにいる騎士たち、騒々しいお祭り、敵の襲撃を見て、さらにその木を切り、燃やそうとする敵の行動にビックリする。

トルツォフ先生＝スタニスラフスキーは、こういったヴィジョンに詳細な分析を加えながら、生徒たちの想像を彼ら個人の枠を超えた領域、彼らには未知の世界へと導いていく。それは、想像を通さなければ、認識不可能な世界のことだ。[★30]

この集中した夢想、瞑想のための題材の選択が「我々の存在とまわりのあらゆる存在物とが相互浸透しあっている」というインド的な観念と結びついているのも偶然ではない。タゴールが書いているように、「西欧では、自然界が無生物と生物だけで成り立っており、人間が出現したときに、突然の不可解な進展があったという考えが優勢を占めている。こういった見方から、発展の尺度で下に位置するのが、野蛮な自然であり、知的、道徳的完成の兆候をもたらすすべてのことは、人間と結びついているということになる。これは、つぼみと花を異なったカテゴリーに分類し、その自然の恵みを二つの違った相反する学問に結びつけるのと同様のことだ。しかし、インドの知は、人類が自然と結びつき、自然の切り離しがたい一部であるという理解において、一度も動揺したことはない[★31]」

学生たちが舞台上で、動物や植物や物体、石にさえなるレッスン[★32]が日常茶飯事となった今日、スタニスラフスキーが東洋の世界観の影響を受けて、第一研究所などで行なっていた俳優トレーニングの方法がいかに大きな革命的な意義をもっていたか、気づくことさえ稀になってしまった。

ここで注目したいのは、心のなかのヴィジョン（映像）による思考、〈ヴィジョンの映画フィルム〉と名づけられたヴィジョンの途切れない鎖状の存在（これがなければ、役のなかの俳優の存在の一貫した線を作ることは不可能だ）についてのスタニスラフスキーの考えは、現代の神経生物学の見解を先取りしていたということだ。二〇世紀におけるこの研究分野の第一人者アントニオ・ダマジオは[☆7]、「脳が、対象物のイメージとわれわれが名づける内面的な画像をどのように生じさせるのか」を論じて、こう書いている。「率直に言うなら、意識についての最初の問題は、〈脳内において映画〉がどのように創造されているかという問題なのである。ただ、この大ざっぱな比喩ができるのは、映画そのものがわれわれの神経系——視覚、聴覚、味覚、嗅覚、触覚、内面の感覚などがもつのと同じだけの感覚のチャンネルをもっているという条件でのことだ[★33]」。カーニキは、ダマジオと対談をしたさいに、この「内面の感覚など」を

★30　スタニスラフスキー九巻選集、第二巻、一三三—一三六頁、参照。（日本語版、第一部、一二一—一二五頁）
★31　Tagore R. "Sadhana". New York, 2004. p. 4.
★32　石になるレッスンに関しては、フィリシチンスキー『公開教育』サンクト・ペテルブルグ、二〇〇六年、三八—四二頁、参照。
☆7　ダマジオ（アントニオ）　一九四四年生。南カリフォルニア大学教授・医学博士。現代の脳医学研究の権威。二〇一〇年日本の本田賞を受賞。『情動と感情の脳科学』など著書多数。

さらに拡大し、「スタニスラフスキーは、おそらく、これらの感覚器官のリストに情緒的記憶も入ることを発見していたのだろう」と述べている。[34]

スタニスラフスキーのヴィジョンには、ほかにも起源となるものがあることに注目したい。それは紀元一世紀ごろのローマの修辞家マルクス・ファビウス・クインティリアヌスの考えである。彼はアリストテレスと同様に、人間の思考は連続する内面の絵画を通して起こると考えた。[35]

こういった例をあげて、もう一度最後に強調しておこう。本書では、スタニスラフスキー・システムとヨーガの近似的関係が考察されているが、《システム》の各要素は、実に多くの源泉から汲み取られたものだ。そして決して忘れてはならないのは、もっとも重要なその源泉が二〇世紀の名優の一人であるスタニスラフスキー自身のユニークな研究と教育、そして演技の体験そのものにあるということだ。

5　超意識

筋肉の解放、交流、注意、ヴィジョンといったこれまで述べてきた要素のほかに、ヨーガの理論と実践の知識は、以前にはなかった新しい要素でスタニスラフスキー・システムを豊かにしている。スタニスラフスキーは、創造的状態と無意識性を結びつける基本的考えを、創造的直観や超越的認識の源泉としての超意識に関する《ラジャ・ヨーガ》の考え方からヒントを得て、取り入れている。この考えは、一九一〇年代半ばから始まるスタニスラフスキーのすべての探求に貫かれている。「意識的なことを通して無意識的なことへ」というスローガン（一九一六年のドストエフスキー作『スチェパンチコヴォ村』の最初の稽古で発せられた）は、スタニスラフスキーによってその後、呪文のように何千回となく繰り返された。すでに書いたことだが、最晩年のスタニスラフスキーは、「創造と《システム》の要は、『俳優の仕事』（第一部）の第一六章『俳優の舞台上での自己感覚における潜在意識』にある」と主張していたのである。

ヨーガの考え方によると、人間の無意識の活動というものは、二つの構成要素に分けられる。どの人間にもある潜在意識がひとつ、もうひとつは、個人を超えた超意識、ある種のもっとも高い意識、超越的分野である。スタニスラフスキーの考えでは、芸術はまさにこのもっとも高い構成要素とかかわるものであり、それを開示するものだ。だからこそ、文化を超えて、時代を超えて、そして個々の違いを超えて語りかけることができるのである。〈創造する自然の秘

★33 Damasio A., "Decarte's Error: Emotion, Reason and the Human Brain", New York, 1994, p. 9.
★34 Carnicke M. S., "Stanislavsky in Focus: An Acting Master for the Twenty-First Century", p. 178.
★35 Roach J., "The Player's Passion", New York, 1985, pp. 24-25 参照。

密〉に対するスタニスラフスキーの情動的、いや、あえて言うなら宗教的熱意とあらゆる演劇知は、人間心理のこのすばらしい現象の解明と結びついている。[☆8]

そのさい、創造的自己感覚のシステムにおける超意識の役割は、スタニスラフスキーによれば、あまりに大きく、彼のシステムとヨーガの教義の関連を知らない多くの研究者は、この概念と〈超意識〉という用語をスタニスラフスキー自身が心理学や演技の研究に持ち込んだとさえ思いこむほどだった。

こういった思い込みは、マンデリーノ[★36]やサリヴァンの書いたものに見られる。たとえば、サリヴァンは、「スタニスラフスキーの著作に出てくる〈超意識〉という用語は、まったく新しい概念だ。この用語は、これまで確立されてきた心理学のシステムにはひとつとして出てこない[★37]」と述べている。

しかし、スタニスラフスキー自身が、彼にとってもっとも重要なこの問題に関して、一九一六年から一九二〇年に書かれた『俳優の仕事』（第三部『俳優の役に対する仕事』の「知恵の悲しみ」の章）の原稿で、自分の考えの出所について明らかにし、ヨーガの行者の助けを借りたと述べている。スタニスラフスキーは、この章の「超意識」の節で、「無意識にいたる唯一の近道は意識を通じて到達することだ」、「超意識や非現実にいたる唯一の近道は、現実のもの、超自然主義的なものを通じて、すなわち、有機的な自然を通じて到達することだ[★38]」と主張し、この問題を理解する手助けになった原典を明らかにして、こう書いた。「潜在意識、超意識の領域で奇跡を成し遂げているインドのヨーガは、この領域において数多くの実際的助言を与えてくれる。ヨーガはまた、意識的なことや準備した方法を通じて無意識的なことに近づき、身体的なものを通じて精神的なものに、現実的なものを通じて非現実的なものへ、自然主義を通じて抽象的なものへ近づいていく。われわれ俳優も同じことをしなければならない[★39]」

ここで、スタニスラフスキーは、一度も超意識や潜在意識とは何かということを厳密には規定していない。おそらく、個々の俳優たちが人生で一度くらいは、まさにそれ、つまり超意識が活発に作動するさいの大きなインスピレーションを体験しているからであろう。一方、そういう体験のない人には、いずれにせよ、説明できるものではないからだ。

「奇跡を行なう私たちの自然」のひとつである超意識に関する対話のなかで、スタニスラフスキーがとったのは、比喩的な表現だった。たとえば、『俳優の仕事』の米国版（一九三六年）の

★36　Manderino N., "Stanislavski's Fourth Level: A Superconscious Approach to Acting" Los Angels 2001, p. 4 参照。
★37　Sullivan J., "Stanislavski and Freud//Stanislavski and America", Ed. Erica Munk, New York, 1964, p. 104.
★38　スタニスラフスキー八巻選集、第四巻、一五六頁。
★39　同前、一五七頁。
☆8　ここでいう超意識の概念は、ミハイル・チェーホフによってさらに深化され、個人を超えた「非個人的個性」、あるいは「第三の意識」と名づけられた。この問題とユングの「集合的無意識」との類似については、訳者の論文を参照。「個人的個性・非個人的個性と三つの意識――スタニスラフスキーとミハイル・チェーホフの演議論」（堀江新二、大阪外語大学ヨーロッパI講座「ロシア・東欧研究」二〇〇七年九月第十二号）

最終章「潜在意識の戸口で」（On the Threshold of the Subconscious）、ロシア語版では「俳優の舞台上での自己感覚における潜在意識」には、トルツォフ先生の一連の解説が含まれているが、ロシア語版ではそれが、検閲によってか、あるいは明らかな全体的な気分を察知したスタニスラフスキー自身の手によってか、削除されてしまった。それは、学生のナズヴァノフが《紙幣を焼く》エチュードで、与えられた状況にますます没頭して、トルツォフ先生の言葉では「潜在意識の大海」の岸辺に来たときのことだ。トルツォフ先生は、その学生の演技を満ち潮の波にたとえて評価する。没頭しているナズヴァノフが手の下にあるローブの紐を無意識に指に巻きつけているとき、先生はナズヴァノフがいま「ちょうど岸辺に立っている」と言う。そして彼が偶然時計を見るその視線が、彼の生活のリズムを急激に早めたとき、先生は「大きな波」が来たと口にし、ナズヴァノフが、生じた事態をどう解決すべきかとあわてふためき思わず口にする心の独白が個々の言葉となって発せられたとき、先生は「波が、腰の高さまで来た」と言う。そしてナズヴァノフが緊張した不動の姿勢で没頭しているとき、先生は、他の学生に「ほら、彼はいま潜在意識という大海の真っただなかにいるんだ」[★40]とささやく。

カーニキが指摘するように、「西欧の読者には、この喩えは《大洋感情》という宗教性のフロイト的心理分析を思い起こさせるし、実際に、宗教的感情との連想がここでは十分に可能である。おそらく、スタニスラフスキーは、潜在意識に対するフロイト的な漠然とした秘められた見方は否定したかもしれないが、カーニキの言う宗教的感情との連想は受け入れたに違いない。舞台上の俳優のあるべき創造的状態としてのトルストイ的〈体験〉[☆9]は、多くの点で東洋的な精神性に呼応する。それは《大洋的喜び》というヨーガナンダの瞑想に関する叙述をちょっとでも思い出せば十分だ。創造的な自己感覚に没頭している俳優もヨーガの行者と同じように、その知性と身体と心が互いに結びつくだけでなく、舞台上の相手役とも結びつき、客席にいる人々とも結びつくその瞬間には、なにか同様の体験をしているのである[★41]」

長いあいだ、スタニスラフスキーの本の注釈者たちは、〈超意識〉と〈潜在意識〉は同義語

★40 Stanislavsky C., "An Actor Prepares", New York, 1936, pp. 274-275.

★41 Carnicke M. S., "Stanislavsky in Focus: An Acting Master for the Twenty-First Century", p. 167.

☆9 ここで述べられているトルストイ的〈体験〉とは、トルストイが書いた芸術論『芸術とはなにか』の一節のことである。その部分を引用する。

「かりに、狼に出会って恐怖を経験した少年があって、その出会った様子の話をするとする。そしてまず自分のことから、その出会いに先立つ自分の状態、周囲の様子、森のこと、自分のうかつさ、続いて狼の姿、挙動、自分と狼の距離などを描き出す。これらすべては、もし少年が話しているうちに自分が前に経験した感じをまた新たに経験し、それを聴き手に感染させ、彼らにも話し手が経験したことをすべて経験させるとすれば、――それは芸術である。またその少年が狼を見たことはないが、始終それを恐ろしがっていたとして、自分の感じていた恐怖を他人にも呼びおこしてみたいと思い、狼と出会ったことを話につくり上げて、自分が狼を思い浮かべながら経験した感じをその話によって聴き手たちに呼びおこすように話したとすれば、これもまた芸術である。」つまり「芸術とは、ある人が自分の経験した感じを意識的に、一定の外面な符合によって他人に伝え、他人はこの感じに感染して、それを経験するということで成り立つ人間の働きである」レフ・トルストイ『芸術とはなにか』（「世界の思想」〈第9〉、中村融訳、河出書房新社、一九六六年）

であるというかたちで、この問題を考えるよう努めてきた。一九五七年のスタニスラフスキー八巻選集の第四巻の注にも、こう書かれている。「〈超意識〉は、スタニスラフスキーが観念的な哲学や心理学から借用してきた用語である……。一九二〇年代の末に、スタニスラフスキーは〈超意識〉という用語を否定し、〈潜在意識〉という用語にそれを切り替えた。その方が、俳優の創造の自然に関する彼の考えをより正確に表現しているからであり、現代の科学的用語法にも合致しているからである★42」

しかし、今日「演劇学者だけでなく、心理学者もスタニスラフスキーのいくつかの実践的観察、とりわけ、俳優の〈超意識〉と〈潜在意識〉をきちんと分けようとしたスタニスラフスキーの実践的観察を科学的な面から意味づけようとしている★43」というスメリャンスキーの言葉は当を得ている。スメリャンスキーは、「スタニスラフスキーはこの場合、たんに同義語的な言葉を利用したのでなく、創造活動にかかわるこの二つのメカニズムのきわめて深い本質的違いを見出している★44」というシーモノフの見方を引用している。『スタニスラフスキーのメソッドと情動の生理学★45』という画期的な労作の著者であるシーモノフの考えでは、超意識とは、自覚されない心理的なものの特殊な形態である。潜在意識が、いわゆる、心身のきわめて個人的な適応反応、機械的になった習性（慣れ）、情感の微妙な差やその外面的な表現を司るとしたら、「超意識は、推測の形成、〈無私〉のモチベーションの形成に参加するものであり、また超意識は、その実証的価値が疑わしくはっきりしないそんな現実の分野を司る★46」。このように、俳優の超意識は、「発見や発明、新規なものの領域である。超意識は、未知のものを明らかにし、潜在意識は紋切り型を排除する。超意識の源には、もっとも狂気じみた創造的計画やもっとも予期せぬ芸術的推測が形成され、それらは、あらゆる偶然なものや疑わしいもの、実践的に認められていないものからわれわれを遮ろうとする意識の保守主義に真っ向から対立するものだ」★47とスメリャンスキーは結論づけている。

意識的なことと無意識的なことの関係という問題は、ヨーガの教えにおいても中心的な問題であると付け加えておく必要があるだろう。一九世紀末に、ヨーガの思想を西側の理性に身近なものにしようとして、インドの哲学者で人道主義者のヴィヴェカーナンダ（シカゴで一八九三年に開催された世界宗教会議における彼のカリスマ的登場は、アメリカのヨーガ・ブームに火をつけた）は、ヨーガの思想をまさに「意識の現象《ヴリッティ》と無意識の領域《サムスカーラ、ワサナ》に属す心理的現象との相

★42　スタニスラフスキー八巻選集、第四巻、四九五頁。

★43　スメリャンスキー『プロとしての俳優』スタニスラフスキー九巻選集、第二巻、二六頁。

★44　同前。

★45　シーモノフ『スタニスラフスキーのメソッドと情動の生理学』モスクワ、一九六二年。

★46　シーモノフ『スタニスラフスキーの創造的システムにおける意識、潜在意識、超意識のカテゴリー／無意識的なこと』第二巻、トビリシ、一九七八年、スメリャンスキー『プロとしての俳優』二六頁より引用。

★47　スメリャンスキー『プロとしての俳優』前掲、二六―二七頁。

互関係を変化させるメソッドとして」[★48]解釈した。だからこそ、この問題でのスタニスラフスキーとヨーガの「対話」がこれほど豊かなものになったのであろう。

スタニスラフスキーに、人間の心理的活動、その意識的な活動と無意識的な活動のバランスの理解をもたらしたのは、ヨーガの教えだけではない。ヨーガと並んで、無意識的なことに関するスタニスラフスキーの考えを深めたのは、おそらく、ドイツの哲学者エドワルド・ハルトマン（一八二四―一九〇六年）の著作であろう。ロシアでは彼の著書『無意識の哲学』（一八六九年）が長いこと人気を博していた。ハルトマンによると、無意識には三つの段階があるという。

1　絶対的無意識。これは、宇宙的物質を創造し、構成する。またほかの無意識的なことの形式の原点である。

2　生理的無意識。これは人間を含むすべての生物の誕生と発展、進化にさいし、活動する。

3　相対的心理的無意識。これは、われわれの意識的な心理的な活動の土台にあるものだ。[★49]

ここで、次のような比較を試みることは、難しいことではない。スタニスラフスキーの超意識は、ハルトマンの絶対的無意識に、スタニスラフスキーの無意識は、ハルトマンの生理的無意識に、スタニスラフスキーの潜在意識は、ハルトマンの心理的無意識に相応する。研究者の何人かは、スタニスラフスキーが《超意識》という用語を導き出したのは、ただヨーガの教えからだけであると確信をもって述べているが、[50] 私たちは、無意識に関する同様の体系化は、スタニスラフスキーと同時代のヨーロッパの思想にも存在したと考えている。ただ、さまざまな原典からなるこういった〈混合物〉がスタニスラフスキーに可能だったのは、ラマチャラカの本を執筆しながら、アトキンソン（ラマチャラカの本名――訳註）自身が、ヨーガの思想と彼の時代の思想とを自由に混ぜ合わせていたことも、その背景としてあるだろう。[51] そして無意識の現象に関するこのような西洋と東洋の思想の「接合」は、実に多くのことをもたらしたのである。スタニスラフスキーの個人蔵書のなかに、一九一五年のスハーノフの論文「潜在意識とその病理学」からの書き抜きが残されている（この切抜きを手伝ったのは、モスクワ芸術座の俳優ガイダロフである）。[52] スハーノフの論文は、意識的な〈私〉と無意識の相互関係を病理学的研究

★48　コスチュェンコ『ヴィヴェカーナンダ』モスクワ、一九七七年、一二四頁。ヴィヴェカーナンダ（一八六三―一九〇二年）はインドの哲学者で社会活動家。ラーマクリシュナの愛弟子で、ヨーガの指導者である。ラーマクリシュナ・ミッションを設立。一八九三―一八九七年の欧米周遊のときに、ニューヨークとロンドンにヴェーダーンタ協会を設立している。

★49　Ellenberg H., "The Discovery of the Unconscious", New York, 1970, p. 210 参照。

★50　たとえば、Carnicke M. S., "Stanislavsky in Focus: An Acting Master for the Twenty-First Century", pp. 179-180 参照。

★51　詳細は、Whyman R. "The Stanislavsky System of Acting", p. 89 を参照。

★52　スハーノフ『潜在意識と病理学』「哲学と心理学の諸問題」No・26、一九一五年、三六八―三六九頁。

から得られた情報をもとに分析したものだ。興味深いのは、スタニスラフスキーが《ハタ・ヨーガ》から借用してきた「無意識の袋」という表現がこの論文でも見られるということだ。

結論的に言えることは、スタニスラフスキーは、実際に多くの原典にあたり、そこから汲み取っているということだ。たとえば、記憶という現象を検討するさいに、彼はハルトマン[☆10]と同様、記憶を無意識的なことの倉庫と考え、またロシアの生理学者セーチェノフのように、記憶は、感覚器官を通して得られるまわりの世界からの印象の跡を集めたものであり、それを長い年月にわたり感情の飽和状態のなかで保っているものであると考えた。[★53]ここで、例として、スタニスラフスキーがまだ「音楽が退屈だった」子供時代にオペラと接したときのことを引用してみよう。「その印象の強さ、それ自体は大きなものだったが、当時は意識されず、有機的に、無意識のうちに、そして精神的にだけでなく肉体的にも私のうちに受け入れられたためだろう。私がこれらの印象を理解し、正当に評価するようになったのは、やっと後年になって、記憶によってであった[★54]」

いずれにせよ、今日スタニスラフスキー・システムとヨーガや一九世紀ドイツ哲学との関連を分析することで、私たちはスタニスラフスキー自身の考えに正しく目を向けることができるのである。シーモノフが書いているように、「〈潜在意識〉という用語で、内面器官の活動から創造的なひらめきまで意識されないすべてのことをひと括りにすることが不可能であることを鋭く見抜いていた偉大な思想家スタニスラフスキーには創造という、より高度な、複雑なメカニズムを意味づけるなにかほかの概念がどうしても必要だった。そして意識されないプロセスの最後のカテゴリーを〈超意識〉と名づけたのである」[★55]

スタニスラフスキーは、潜在意識を超意識へと至る道と考えていた。「自分の超意識と結びつくために必要なことは、俳優（ヨーガの行者もそうだが――筆者）は〈自分の潜在意識の袋に投げ込むために、ある種の思想の束を手にすることができなくてはならない〉。超意識にとってその活動源、創造活動にとっての材料は、これらの〈ある種の思想の束〉のなかにある」[★56]。ヨーガからくみ取ったこの実際の例は、『役に対する俳優の仕事』（『俳優の仕事』第三部）の「知恵の悲しみ」でも、ドストエフスキーの芝居でも見てとれる。[★57]

以下に引用する『役に対する俳優の仕事』の「知恵の悲しみ」からの大きな一節は、無意識的なことの存在という思想を実際どのように利用するか、具体的なイメージを与えてくれる。

★53 セーチェノフ『大脳の反射』モスクワ、一九五二年、第一巻、参照。
★54 スタニスラフスキー九巻選集、第一巻、七〇頁。
★55 シーモノフ『意識、潜在意識、超意識』「科学と生活」No・12、一九七五年、四五―五一頁。
★56 スタニスラフスキー九巻選集、第四巻、一四四頁。（日本語版、第三部、一五四頁）
★57 『稽古場のスタニスラフスキー――稽古のメモと速記録』前掲書、七三―七四頁、参照。
☆10 セーチェノフ（イヴァン） 一八二九―一九〇五年。ロシアの脳科学者、モスクワ大学教授。「脳と反射」の研究の先駆者であり、イヴァン・パブロフなどの弟子を育てた。

もちろん、スタニスラフスキーがとくに関心をもったのは、知性の無意識的な活動をコントロールするメカニズムだった。この知性の無意識的な活動こそ、アイデアや芸術的形象を生み出す〈思考と想像力の〉仕事を実行するものだ。

　スタニスラフスキーは、こう書いている。「超意識の領域に関して、インドのヨーガがわれわれに与えてくれる実際的な助言は、次のようなものだ。彼らは言う。ある思想の束を手にとって、自分の潜在意識の袋にその束を投げいれるがよい。私はそれとかかわっている暇がないから、あなた（つまり潜在意識）がそれとかかわればよい、と。そのあと寝にいくのだ。そして目が覚めれば尋ねればよい。もう準備ができているか？　と。――いや、準備はまだだ。それなら、もう一度、その思想の束を手にとって、潜在意識の袋に投げ入れる。そして散歩にいって、戻ってきたら尋ねればいい。もう準備はできているか？　と。――いや、まだだ。などなど……。そしてついに、潜在意識は言うだろう。準備ができた、と。ここで潜在意識は、託されたことを戻してくれる（この部分は、ラマチャラカの考えの焼き直しである――筆者）[★58]

　私たちも、寝床についたり、散歩に出たりすると、忘れてしまったメロディー、あるいは考え、あるいや名前や住所を思いだそうとしても無駄なとき、自分に言い聞かせることがよくあるだろう。『朝は、晩より賢い』と。そして実際、朝目を覚ますと、まるで目からうろこが落ちたように、昨日あったことに驚いてしまうのだ。どんな考えも一晩、頭のなかに寝かせておくべきだというのも理由のあることだ。身体とわれわれ自然全体が安静にして、休んでいる夜も、思考と感情がほかのことに気を取られていて、日常生活の慌ただしさのなかにある昼間も、われわれの潜在意識と超意識の活動は中断されることがない。しかし、われわれはその活動を目にすることはできないし、それについてなにも知らない。なぜなら、その活動はわれわれの意識の外で行なわれるからだ。(現代の心理学は、思考活動の一定の部分が、自覚はされないが、停止していないことを立証している――筆者)

このように、自分の潜在意識と交流するためには、俳優は〈自分の潜在意識の袋に投げ込むために、ある種の思想の束を手にすることができなくてはならない〉。超意識にとっての活動源、創造活動にとっての材料は、これらの〈ある種の思想の束〉のなかにある。

これらの思想の束とはいったいどういうものであるか? そしてそれらをどこで手に入れるか? 思想の束は、知識、情報、経験、思い出のなかに含まれている。すなわち、思想の束は、われわれの知的記憶、情緒的記憶、視覚的記憶、聴覚的帰記憶、筋肉の記憶、その他の記憶に保管されている材料のなかに含まれているのだ。だからこそ、記憶の宝庫に予備の蓄えがなくならないよう、俳優がこれらの消費されていく材料をたえず補充することがとても大切なことなのだ。(この文章に、スタニスラフスキー・システムの基礎的な考え方とヨーガの超意識、リボーの情緒的記憶、これら三者の接点が見られると言っても決して言い過ぎではないだろう――筆者)

★58 ラマチャラカ『ラジャ・ヨーガ』サンクト・ペテルブルグ、一九一四年、一九二頁、参照。

だからこそ、俳優は休むことなくみずからの記憶の貯蔵庫を補充し、勉強し、本を読み、観察し、旅行をし、現代の社会、宗教、政治、その他の生活について知っておかなければならない。このような材料から例の思想の束が作られ、それらの思想の束が超意識に加工してもらうために潜在意識の袋に投げ込まれるのだ。超意識に仕事を与えるとき、超意識を急がしてはならない。我慢強くしなければならない。そうしなければ、ヨーガで言われているように、土に種を蒔いたあと、根が生えたかどうか見るため三〇分ごとに土を掘り返しているばかな男の子の身に起こったのと同じことが起こってしまう。（この子供のたとえ話も、ラマチャラカの《ラジャ・ヨーガ》の一節[★59]から取ったものだ——筆者[★60]）」

このように、潜在意識に関するスタニスラフスキーの考えは、一九世紀半ばの西欧哲学、セーチェノフとリボーの思想の統一をベースに、ヨーガの実践と思想に関する本で裏づけられたものだ。彼自身の俳優としての体験が導き出したことは、創造的な問題の多くは、俳優がそれについて常に考えるのではなく、おのずと答えが生まれてくるようにすれば、解決されるという確信だ。このような潜在意識の輝く豊かな例が、ドクトル・ストックマン[☆11]の役を作り上げるさいのスタニスラフスキーの幸運なエピソードであり、また、『俳優の仕事』第二部の第八章のエピソードであろう。そこでは、学生のナズヴァノフが「批評家」の役を演じていて、たまたまメイクが台無しになってしまい、その結果、役を突然に感じたことが書かれている。実は、演劇や芝居に関する叙述は、こういった創造的なひらめきの話で満ち満ちている。潜在意識の事前の準備によって得られるインスピレーションの発生のメカニズムについては（書き方はそれぞれだが、本質は同じものとして）スハーノフも、リボーも、ラマチャラカも述べている。彼らとの「対話」を通じて、スタニスラフスキーは、潜在意識の厳密な規定はしていないものの、しかし、俳優の実践的な仕事に積極的に、無意識、潜在意識、そして超意識に関する考えを持ち込んだのである。彼にとって、それは、自然によって制御され、俳優の意識的な心理操作術を通して間接的に得られる奥義なのであった。

★59　同前、一九八頁、参照。
★60　スタニスラフスキー八巻選集、第四巻、一五八―一五九頁。
☆11　これは、スタニスラフスキーが若いころに成功した役のひとつで、彼の自伝『芸術におけるわが生涯』（上巻、蔵原惟人・江川卓訳、岩波書店、一九八三年、二七―八頁）では、次のように述べられている。
「私たちの芸術には、ただひとつそれだけが正しい―直観と感情の路線が存在しているのではないのか？　すでにそれから無意識のうちに外面的および内面的な形象が、その形式、思想、感情、政治的傾向、そして役の技巧そのものが、生まれ育っているのではないのか？　直観と感情の路線は、戯曲と役のもっとも精神的な、また外面的な本質をとらえつつ、他のすべての路線を自分のうちに呑みこみ、編みこんでいるのではないのか？」
　そして、「社会的政治的な戯曲の働きかけの力の秘密は、それらを具象化するにさいして、役者が社会的政治的課題についてもっと少なく考えねばならない、そういう戯曲ではただ理想的なまでに誠実で真摯であるようにしなければならないという点にあるのではないだろうか？」と述べている。けだし演劇の根底を考えさせる一節である。

6　我あり

『役に対する俳優の仕事』（『俳優の仕事』第三部）の「知恵の悲しみ」の章で、スタニスラフスキーは西欧の学者たちの言葉（ゲイツ教授が「われわれの知的生活の少なくとも九〇％が潜在的なものだ」と述べ、さらにモズリーが「意識は、ふつう意識の役割とされていることの十分の一しか果たしていない」[61]と主張している）を引き合いに出し、ヨーガから彼が取り入れたもっとも大事なこと、そして彼自身が俳優として個人的にも苦しんできたことを述べている。「超意識は、なによりも人間の魂を昂揚させる。だからこそ、超意識はわれわれの芸術においてなによりも評価され、大切にされなければならない」[62]

ここに、スタニスラフスキー・システムとヨーガのもっとも重要な接点があると言ってよいだろう。ヨーガにとって、超意識は神聖なる状況のことである。そこを通って修行者はパタンジャリの第八番目の最終段階（サマーディ）へと達するのである。ホワイトが指摘しているように、「サマーディはいくつもの段階に分かれているが、その一番高い段階は修行者が、自分の瞑想の対象に完全に飲み込まれた状況を指す。ヨーガにとってその瞑想の対象は神である。スタニスラフスキーにとって瞑想の対象は役である」[63]

この役との一体という超越的状態を表現するさいに、スタニスラフスキーは〈我あり〉という概念を用いた。スタニスラフスキーの〈我あり〉は、真の体験のプロセスにおける俳優の創造的状態と同義語である。

面白いのは、ラマチャラカの《ラジャ・ヨーガ》の現代版において、その根本概念である「アイ　アム」（I am）は、ロシア語にすると「我あり」（Я есмь）となる。今日では誰でも知っている（あるいは聞いたことのある）スタニスラフスキーの用語がインドの哲学を理解する一助になるわけだ。

ところで、ラマチャラカは人間の内面的本質に二つの段階を設けている。「ヨーガの師はこう言う。人間のリアルな本性の意識を目覚めさせる二つの段階がある、と。〈我〉の意識と呼ばれる最初の段階は、実在を完全に意識することである。それは、弟子のところへきて、彼が、体が滅んでも存在し続ける生命（体と関わりなく）をもつリアルな存在（生きもの）であるとわからせてくれる。〈我あり〉と呼ばれる第二の段階は、世界生命との一体化、見えるものも見えないものも、あらゆる生命とのつながり、交わりを意識することである★64」

★61　スタニスラフスキー九巻選集、第四巻、一四〇頁。（日本語版、第三部、一五〇頁）

★62　同前。

★63　White A., "Stanislavsky and Ramacharaka-Influence of Yoga and Turn-of-the-Century Occultism on the System" Theater Survey., 2006, Vol. 47. Issue 1 (may). p. 87.

★64　ラマチャラカ『ラジャ・ヨーガ――人間の心理的世界に関するヨーガの教え』前掲、七頁。

ここでも、スタニスラフスキーは、自分なりの答えを見出しているようだ。それは一九〇六年に、俳優にとって表現手段である自分と自分の身体とを区別することは不可能だと自覚したときに、彼を悩ませていた問題に一部答えを見出したときのことだ。ヨーガの師ラマチャラカは、弟子が、意識は物質的身体とは別に存在するだけでなくそれを体験もするという真理を悟ったときの霊感に満ちた状態を描いている。つまり、〈我あり〉（アイ　アム）の状態において起こることは、ラマチャラカの場合、弟子とエネルギーの世界生命との神的一体化であり、スタニスラフスキーの場合は、俳優と役との一体化である。そこでは、自分の物質的身体に対するぎこちなさや不安感は消えていたのである。俳優が〈我あり〉の状態に入り込んだとき、「観客の前で創造するという正常ではない条件にもかかわらず、俳優の精神的、身体的器官は舞台上で、人間の法則に従い、実生活におけるのと同じように正常に働く」★65

これは、『体験の創造的過程における俳優の自分に対する仕事』のなかのスタニスラフスキーの言葉である。教えを熱心に求める学生の質問に応えるとき、トルツォフ先生の声は、確信に満ちているように思える。そして彼らを次の高みへと至る道に導くのである。トルツォフ先生は言う。「『確信を呼び起こし、〈我あり〉の状態を作り出すちょっとした真の人間的な生活の真実を発見する場所や物ならいくらでもある』

『そうすると、どうなるんですか？』

『演じている人物の生活と君たち自身の生活とが舞台上で不意に完全に溶けあう瞬間が数度訪

れ、そのため頭がくらくらするようになる。役のなかに自分がいると同時に自分のなかに役がいることを感じるようになる』

『で、それからどうなるんです？』

『私がすでに話したことが起こる。真実、確信、〈我あり〉が君たちを人間の自然とその潜在意識の支配下に置く』★66

この場合、俳優と役が完全に溶けあうスタニスラフスキーの〈我あり〉の状態は、修行者と神的なものが完全に溶けあうヨーガのサマーディと呼応している。スタニスラフスキー・システムのなかで唯一教会スラブ語から取られたこの用語において、ヨーガの瞑想である《オーム》の神聖な音が倍加して響きだしていたのである。★67

★65　スタニスラフスキー九巻選集、第二巻、四三九頁。（日本語版、第一部、四八八―四八九頁）

★66　同前、四四一頁。

★67　OM（AUM）ヒンズー教における本質的なものの基礎にある聖なる言葉（『チャーンドーギヤ・ウパニシャド』モスクワ、一九九二年、第一章を参照）。《マンドゥーキヤ・ウパニシャド》においては、Aの音は、現（うつつ）と同じ、Uの音は軽い眠り（夢）、Mは夢のない深い眠りと同じで、全部合わせてAUMはもっとも高い超意識的状態――アートマンと同義である。一連のヒンズーの伝統（ブラフマー教、シヴァ教、ヴィシュヌ教、ヨーガ）では、マントラ（呪文や祈り）を唱えるときに〈オーム〉と声を出す。

あとがき

まとめをしておこう。本書で分析したスタニスラフスキー・システムのいろいろな要素を表にして、『体験の創造的過程における自分に対する仕事』（『俳優の仕事』第一部）の目次と比べてみると、そこに挙げられている要素のおよそ三分の一を、私たちは取り上げていることになる。かなりの数ではないか！

演劇芸術の歴史のなかで初めて、ある具体的な時代の演劇規範ではなく、生きた自然の法則をベースにした演技のシステムを確立しようとしたスタニスラフスキーは、そのときまでに人類が積み上げてきた知の総体から知識・情報を汲み取っている。彼が分析した資料のベースは、シェープキンやロシアの伝統的なリアリズム演劇の教えから、《ハタ・ヨーガ》や《ラジャ・ヨーガ》の教えまで、またローマの修辞家クインティリアヌスの著作から心理学者リボーの研究、ドイツ古典哲学の教えまで、という幅の広さを感じさせるものだ。

また、スタニスラフスキーは、異なった資料のなかに同じような考え方があるのを発見するたびに、自分の探求の正しさを再確認していたのである。一九世紀後半から二〇世紀初頭にかけては科学、哲学、芸術の面でひとつの同じ思想が流布されていた。たとえば、アメリカ人ヨーガ行者のラマチャラカが西欧科学に向けた言葉を思い出してみよう。それは、太陽神経叢の重要性を認識すべきというアピールだった。そしてラマチャラカ自身が、こういった西洋と東洋の協力に対して大変オープンであったことも指摘しておこう。彼は著作『ラジャ・ヨーガ』で、リボーを引用しているだけでなく、「東洋の理論は、西洋の実践と結びついて、価値ある遺産を生み出すのだ」と主張していた。★1

だからこそ、スタニスラフスキーにとっては、リボーの思想からの引用もヨーガの思想からの引用も、ある意味で当然だったのである。彼のなかではヨーガと科学は対立していなかったのだ。それどころか、スタニスラフスキーの理論と実践のなかで、それらはより輝かしい結合となっていた。スタニスラフスキー自身がこの結合を意識していたことは、次の言葉でもわかる。「私の話すことはすべて、心理学と生理学から取ってきたことであり、ヨーガの教えで立証されていることだ」。こうして、フランスの心理学者リボーの思想とアメリカのヨーガ行者の思想でできた溶鉱炉のなかで、ロシアの演劇改革者のシステムが鋳造されたのでる。

ヨーガの哲学と実践が、スタニスラフスキー・システムにもたらした功績は実に大きい。ヨーガは、システム全体の言語構成を、またその展開と叙述の構造を多くの点で規定している。

また、ヨーガは俳優の内面的、外面的技術に関する多くのトレーニングを《システム》に提供した。スタニスラフスキー・システムにおける創造的自己感覚の実に多くの要素が、何世紀にもわたるヨーガの伝統のなかに蓄えられてきたメソッドによって、実現されている。

ヨーガは、〈無意識的なこと〉という《システム》の基軸となる思想を形成し、またそれを潜在意識や超意識とに区別する助けになっている。その思想こそ「俳優の意識的な心理操作術を通して自然の潜在意識的な創造へ[★2]」というものだ。

ヨーガは、「意識的なことから無意識的なことへ」という《システム》の基本原則を実現する実践的な道筋を示した。身体と意識を対立するものとして捉えた西洋的思考と違って、ヨーガは人間を統一的に、総体として見る見方をスタニスラフスキーに教えた。スタニスラフスキーは、俳優が身体という粗雑な物質性によって敷かれた境界を越え、もっとも高度な創造的な意識を利用して、超越的な、最高の高みへと達するのを助けるためヨーガの諸訓練を利用したのである。

★1　Ramacharaka, "Hatha Yoga or The Yogi Philosophy of Phisical Well-Being" Chicago, 1904, p. 103. Cit.at: Carnicke S., "Stanislavsky in Focus: An Acting Master for the Twenty-First Century", p. 171.

★2　スタニスラフスキー九巻選集、第二巻、六一頁。（日本語版、第一部、三八頁）

ヨーガは、心と身体の相互関係について、スタニスラフスキーと同時代の心理学よりも多くの点で充実した答えを出すモデルをスタニスラフスキーに提供したのである。ヨーガは、人間の心理・生理的生活が不可分であるという考え、行動分析の方法、エチュード・テクニックなど晩年のスタニスラフスキーの総合的な発見の準備をした。ここで、スタニスラフスキー・システムは人間の諸器官――意識、身体、心に向けられた俳優の創造への全体的なアプローチとして最終的にその全貌を現わしたのである。

スタニスラフスキー・システムのなかのヨーガ理論については無視される、あるいは触れるべからずといった歴史的な時代も終わり、一方、改革のムードに乗っかってヨーガを過大評価する行き過ぎもひと段落した今日、私たちは、ヨーガとスタニスラフスキー・システムの相互作用をひとつひとつ分析することができるようになった。スタニスラフスキーの方法論の基となった源泉のひとつを自覚し、分析することを求めたのは、現代の演劇の活動なのである。本研究は、その分析のひとつの方向性を提供し、その第一歩を踏み出したにすぎない。

もちろん、将来の研究はもっと多くの興味深い発見を私たちに与えてくれるだろう。かつて、ゴードン・クレイグとイサドラ・ダンカンに出会ったとき、スタニスラフスキーはこう書いている。「私は、世界のいたるところで、私たちには未知のある事情によって、さまざまな人が、さまざまな分野で、さまざまな側面から、芸術のなかに同じひとつの、おのずとこの時期に生起してきた創造の原則を求めていることを理解した。彼らがおたがいに相会したとき、きっと

自分たちの思想の共通性と類似性に驚くだろう」★3

フランスの保養地で、サンクト・ペテルブルグから来たブリャート仏教徒の弟子から紹介されたヨーガ教義の本がシカゴのアメリカ人が書いたものだと知ったとき、スタニスラフスキーがどれほど驚いたか想像に難くない。一方、モスクワとニューヨークで出版された彼のシステムに関する本が、アメリカの演劇界を包み込み、大論議を巻き起こしている。そして大西洋を挟んだこの二つの国の演劇研究者や演劇人たちは、一〇〇年経ってラマチャラカとスタニスラフスキーを読み比べ、この二人が現代の神経生理学を先取りしていたことに、驚きを禁じえないのである。

このような二つの思想の推理小説のような運命は、演劇的でさえあると言えるかもしれない。言うまでもなく、多くの偶然性が重なってのことだが、それでも演劇教育・俳優トレーニングとヨーガの実技との出会いは、歴史の必然だったのである。

スタニスラフスキー・システムによる俳優教育が始まった二十世紀初頭に起きたこの出会いは、今日でもロシアや諸外国における俳優教育や実践に影響を与え続けているのである。

★3　スタニスラフスキー九巻選集、第一巻、四一三頁。

訳者あとがき

二年前、二〇一三年にコンスタンチン・スタニスラフスキーは生誕一五〇年を迎えた。その前年二〇一二年の暮れ、日本演劇学会・西洋比較演劇研究会主催のシンポジウム「スタニスラフスキーは死んだか」を皮切りに、二〇一三年三月大阪大学外国語学部での退官最終講義、「テアトロ」(二〇一三年一一号)、俳優座「ひろば」(二〇一四年一月、一二八号)、世田谷パブリックシアターと国際演劇協会(ITI)日本センター共催のレクチャー(二〇一四年六月)などで、スタニスラフスキーの前期と後期に関する「見直し」について、訳者は執筆あるいは発表してきた。その背景には二〇〇八―二〇〇九年にかけて、未來社から日本では初めてのロシア語からのスタニスラフスキー選集の翻訳が出て、彼の晩年の著作『俳優の仕事――俳優の役に対する仕事』(第三部)も初めて世に出たという事情がある。さらに個人的には、二〇〇六年から二〇一〇年にかけて、ロシアのモスクワ・シューキン演劇大学で、また二〇一二年九―一一月にアメリカとカナダの演劇大学やスタジオでスタニスラフスキー・システムがどのように教えられているか実地調査したことがさまざまな発表や執筆の源泉になっている。ロシアやアメリカで実際に行なわれていることを体験、観察し、そこでの研究の成果に目を通してわかってきたことは、ここ一〇年ほどのあいだで世界のスタニスラフスキー研究とその《システム》の実践に大きな質的変化が起きているということだった。

端的に言うなら、ロシアでは、ソ連崩壊後、唯物論やイデオロギーにとらわれないスタニスラフスキーの見直しが進み、「感情・精神論」、つまり「心」の部分に照明が当てられ、やや神秘主義的でオカルト的な演技教育（初期スタニスラフスキーへの回帰とミハイル・チェーホフへの関心の高まり）が行なわれ、一方アメリカでは、アクターズ・スタジオが中心になっていた「情緒的記憶」をベースとした「感情論」が「行き過ぎ」（ステラ・アドラー）との見方が出てきて、南カリフォルニア大学のシャロン・カーニキやイエール大学のデヴィッド・チェンバーズなどのスタニスラフスキー研究者たちの「見直し」（とくにスタニスラフスキーの晩年の理論、「身体的行動」やそれによる戯曲分析の重視）が始まっていることがその特徴である。つまり、図式化と単純化を恐れず言うなら、ロシアでは「身体」から「心」へ、アメリカでは「心」から「身体」へ重点が移ったと言える。心と身体、精神と肉体は、それほどに二律背反し、捉え難いものなのかもしれない。

この心身のいわば「二元化」について、本書の著者チェルカッスキー氏は、本文のなかでこう述べている。

「もっとも大事なことは、この総決算の時期にスタニスラフスキーが、西欧の思考に特有の〈二元論〉を克服し、分析と具象化、俳優の内面と外面、心理と身体の全体的（holistic）な統一をはかる実技エチュードに重点を置いたということである」（本書九〇頁）

つまり、この本は、スタニスラフスキー自身が前期（心）と後期（身体）を分けて《システム》を構築したわけではなく、その全体的統一（心身統一）を目指していたのだと強調し、現在でも見られる「心身」二元論へのどちらかへの「傾き」に警鐘を鳴らしていると言える。そして本書はその心身統一の鍵となるのが、東洋の思想であり、ヨーガであることを教えてくれる。近代西欧文明のあり方にも踏み込んだ、スタニスラフスキー・システムの最先端の研究と言えるだろう。かくいう訳者も、さまざまな言説のなかで、スタニスラフスキーを前期・後期と分け、前期をどちらかというと「ないがしろ」にして、後期の身体的行動を「良し」とする傾向があったことは否めない。言い訳になるが、日本でも、アメリカでも、初期のスタニスラフスキーしか翻訳紹介されていなかったため、あまりに「心」と「感情」に偏ったスタニスラフスキー理解が横行していたため、それへの反発から、後期の「身体論」を強調しすぎた面もある。しかし、本書でもわかるとおり、スタニスラフスキー自身は、前期・後期と一貫して「心身統一」の考え方を押し通してきた（もちろん、スターリン時代の表現の自由圧殺のなかで、言い方を変えたのは事実だし、ソ連時代の後継者が「身体論」中心にスタニスラフスキーを紹介していたことも事実だが……)。

あらためて、東洋の国である日本でも、武道や禅の世界の実践的教えを通じてスタニスラフスキー・システムを見直し、進化させ、西欧、東洋を問わず広く世界の俳優のための演技教育に活かすべきではないか、と強く思う。本書が、その一助になれば、幸いである。

二〇一五年七月

堀江新二

スタニスラフスキーとヨーガ

2015年8月15日　初版第一刷発行

定価――本体1800円＋税

著者――セルゲイ・チェルカッスキー

訳者――堀江新二

発行者――西谷能英

発行所――株式会社 未來社

〒112-0002 東京都文京区小石川3-7-2

振替00170-3-87385

電話03-3814-5521

http://www.miraisha.co.jp/

e-mail:info@miraisha.co.jp

印刷――精興社

製本――五十嵐製本

ISBN978-4-624-70097-3　C0074

《著者紹介》

セルゲイ・チェルカッスキー（Sergei Tcherkasski）

芸術学博士、演出家、ロシア連邦功労芸術家。サンクト・ペテルブルグ国立演劇大学（現アカデミー、1779年創立）教授。同大学俳優学科主任。

モスクワ、ペテルブルグ、クラスノヤール・国立劇場などで演出家として働き、シェイクスピア、ブルガーコフ、ワイルダー、バーナード・ショー、アヌイ、グリボエードフ、オストロフスキーなど約30本の芝居を上演。そのうち、『危険な関係』（デ・ロクロ）、『女帝エカテリーナ』（B. ショー）は、それぞれ12年、16年上演され続けている。海外でも、エストニア、ルーマニア、イギリス、オーストラリア、アメリカで演出をしている。

氏の教え子たちは、モスクワ芸術座、マールイ劇場、タガンカ劇場、ワフタンゴフ劇場、アレクサンロフスキー劇場など、モスクワ、ペテルブルグの主要な劇場で活躍し、ドージン、リュビーモフ、フォーキン、ペルシバリなどの芝居に出演し、モスクワやペテルブルグの最大の演劇賞（黄金のマスク賞）などにノミネートされている。

また、世界の40以上の演劇学校などでスタニスラフスキー・システムに基づくワークショップを開催、日本でも4回行ない、2015年に5回目が行なわれる。

20世紀のロシアの演出者教育に関する論文で修士号を、論文「スタニスラフスキー・システムの進化――ボレスラフスキー、リー・ストラスバーグの演出・俳優教育活動」で芸術学博士号を取得（2012年）。このほかに、『スムイシュラエフ　俳優、演出家、教師――わが師の師』（2004年）、『スタニスラフスキーとヨーガ』（2013年）、『スリーモフの演劇流派』（2013年）などの著書がある。

《訳者紹介》

堀江新二（ほりえしんじ）

1948年生。早稲田大学大学院文学研究科修士課程卒。大阪大学名誉教授。

シアター・コミュニケーション・ラボ大阪所長。

著書に『したたかなロシア演劇――タガンカ劇場と現代ロシア演劇』（世界思想社、1999年）、『演劇のダイナミズム――ロシア史の中のチェーホフ（旅・ダイナミズム・越境）』（東洋書店、2004年）ほか。

訳書にチェーホフ『さくらんぼ畑』（群像社、2011年）、スタニスラフスキー『俳優の仕事』全三部（共訳、未來社、2008-2009年）ほか。

Sergei Tcherkasski
STANISLAVSKY and YOGA

SUMMARY

For a long period, Soviet theatre researchers denied the influence of Yoga on Stanislavsky, or it was considered to be quite fleeting. Prof. Sergei Tcherkasski's book demonstrates the opposite. He carefully collects records on yoga in Stanislavsky's writings from different periods and deciphers hidden references which are not explained by Stanislavsky himself due to censorship in his day. (Yoga was half forbidden in Soviet Russia from the 1920s on). The focus of Tcherkasski's research is a comparison of the Stanislavsky System and Yogi Ramacharaka's books which were a main source for Stanislavsky.

Tcherkasski analyzes elements of the System which are based on yoga principles. Among them are relaxation of muscles, communication and prana, emission and reception of rays, beaming of aura, sending of prana, attention, and mental images. Special attention is paid to the idea of the superconscious in Yoga, and in Ramacharaka's and Stanislavsky's theories.

All of this has resulted in new and intriguing discoveries. Stanislavsky once wrote that: "in different parts of the world, on account of conditions unknown to us, different people, in different fields, coming from different directions, are searching in art for the same recurrent, naturally born creative principles. When they meet, they are struck by the community and kinship of their ideas".

We can only imagine how Stanislavsky himself might be amazed upon learning that Ramacharaka's books, which were recommended to him in France by the medical student of a Buryat Buddhist physician from St. Petersburg and which contained a summary of ancient yoga theories, were actually written not in India but in Chicago by an American author. No less Stanislavsky would be surprised that his own books, printed in Moscow and New York, would inspire and cause debate in all of theatrical America. Furthermore, he wouldn't expect that a hundred years later researchers on both sides of the Atlantic would be doing concurrent readings of his and Ramacharaka's books, and in their own turn would be amazed that these books anticipated modern discoveries in neurobiology and cognitive science.

BOOK STRUCTURE

An abridged English text of this book may be found
in the e-journal *Stanislavski Studies*. 2012. No. 1, 2013. No. 2
at http://stanislavskistudies.org

ABOUT THE AUTHOR

Professor of Acting and Directing Sergei Tcherkasski is Head of an Acting Studio in the renowned St. Petersburg Theater Arts Academy (established in 1779). He holds a Ph.D. for his research into the education of directors in Russian theatrical schools. His second (D.Sc.) dissertation clarifies the lines of succession of Stanislavsky's ideas worldwide in theatre of the 20th century (Stanislavsky–Boleslavsky–Strasberg and Method Acting).

As a theatre director Tcherkasski has directed more than three dozen classical and modern plays. He has been Artistic Director of the Pushkin Drama Theatre (Krasnoyarsk), Director at the Liteinyi Theatre in St. Petersburg and the Mossoviet Academic Theatre in Moscow. Two of his productions–*Dangerous Liaisons* and *Great Catherine*–ran in St. Petersburg for twelve and sixteen years respectively.

Prof. Tcherkasski's students work in leading Russian companies–the Moscow Art Theatre, the Taganka, the Lenkom and Vakhtangov Theatres in Moscow, and the Maly, Alexandrinsky Theatre, the Baltic House, and the Akimov Theatre in St.Petersburg, they perform leading roles in the productions of Lev Dodin, Luk Perceval, Valerii Fokin, and Yurii Lubimov. They also have become award-winning actors and directors including nominees and winners of the Golden Mask Award (the highest national theatrical award in Russia).

Prof. Tcherkasski's practical work with students is widely acknowledged not only in Russia but also in more than forty theatre schools all over the world. His international directing credits include *Great Catherine* by George Bernard Shaw and *Duck Hunting* by Alexander Vampilov at RADA (London), *The Inspector General* by Nikolai Gogol at the National Theatre of Romania (Bucharest) and *Flight* by Mikhail Bulgakov at NIDA (Sydney). He was also teaching in Japan in 2006–2009 and in 2015.

Tcherkasski's list of publications includes over forty articles. His Russian language books include *Stanislavsky and Yoga* (2013), *Valentine Smyshliaev–Actor, Director and Teacher* (2004), *Sulimov's School of Directing* (2013). They form a kind of trilogy representing Tcherkasski's professional family tree which grows from Stanislavsky to Smyshliaev (member of the First Studio of Moscow Art Theatre, director of *Hamlet* with M. Chekhov) and than to Sulimov (one of the leading Russian teachers of directing in the second half of the 20 cent.).

Contact details: sergei@ST1676.spb.edu, sdtcher@yahoo.com

BIBLIOGRAPHY

Titles of Russian language books are given in English transliteration.

Albanese, Catherine. 2007. *A Republic of Mind and Spirit* (New Haven: Yale University Press)

Antarova, Koncordia E. 1952. *Besedy K.S. Stanislavskogo v studii Bolshogo teatra v 1918–1922 gg.* (Moscow: Iskusstvo)

Bashindzhagian, Natella. 2003. *Kontury biografii: Ezhi Grotovskii. Ot*

Boleslavsky, Richard. 1932. *Lances Down* (New York: Garden City)

Carnicke, Sharon Marie. 2009. *Stanislavsky in Focus: An Acting Master for the Twenty-First Century*, 2nd edn (London and New York: Routledge)

Chekhov, Mikhail A. 1995. *Literaturnoe nasledie, v 2 t.*, 2nd edn (Moscow: Iskusstvo)

Chernaia, Elena I. 1997. *Kurs treninga fonatsionnogo dykhaniia i fonatsii na osnove uprazhnenii Vostoka* (St. Petersburg: SPbGATI)

——2009. *Vospitanie fonatsionnogo dykhaniia s ispolzovaniem printsipov dykhatelnoi gimnastiki "iogi"* (Moscow: Granitsa)

Damasio, Antonio. 1994. *Descartes' Error: Emotion, Reason and the Human Brain* (New York: Penguin)

De Michelis, Elizabeth. 2008. 'Modern Yoga: History and Forms' in *Yoga in the Modern World: Contemporary Perspectives*, eds. M. Singleton and J. Byrne (Oxon: Routledge)

Dikii, Alexei D. 1957. *Povest o teatralnoi iunosti* (Moscow: Iskusstvo)

Dodin, Lev A. 'Chelovek – sushchestvo tragicheskoe, i emu neobxodimo tragicheskoe iskusstvo: Interviu Iu. Kovalenko', *Izvestiya*, 6 May, 1997, № 88.

Dybovskii, Vladimir V. 1992. 'V plenu predlagaemykh obstoiatelstv', *Minuvshee: istoricheskii almanakh*, 10: 243–320. (Moscow and St. Petersburg: Atheneum: Feniks)

Ellenberger, Henri. 1970. *The Discovery of the Unconscious* (New York: Basic Books)

Fovitzky, A.L. 1923. *The Moscow Art Theatre and Its Distinguishing Characteristics* (New York: Chernoff Publishing Co.)

Galendeev, Valerii N. 1990. *Uchenie K.S. Stanislavskogo o stsenicheskom slove* (Leningrad: LGITMiK)

Giatsintova, Sofia V. 1989. *S pamatiu naedine*, 2nd edn (Moscow: Iskusstvo)

Gippius, Sergei V. 1967. *Gimnastika chuvstv. Trenning tvorcheskoi psikhotekhniki* (Moscow and Leningrad: Iskusstvo)

——2001. *Trenning razvitiia kreativnosti. Gimnastika chuvstv* (St. Petersburg: Rech)

Gordon, Mel. 1987. *The Stanislavsky Technique: Russia* (New York:

Applause Theatre Book Publishers)
——2010. *Stanislavsky in America: An Actor's Workbook* (London and New York: Routledge)
Gray, Paul. 1964. 'The Reality of Doing: Interviews with Vera Soloviova, Stella Adler, and Sanford Meisner', in *Stanislavski and America*, ed. by Erika Munk. (New York: Hill and Wang), pp. 201–218.
Grekova, T. 1988. 'Tibetskaia medetsina v Rossii', *Nauka I religiia*, 8: 10–15.
Grotowski, Jerzy. 1968. *Towards a Poor Theatre* (New York: Simon and Schuster)
——2003. *Ot bednogo teatra k iskusstvu-provodniku*, trans. by N. Bashindzhagian (Moscow: ART)
Hirsch, Foster. 2002. *A Method to their Madness: The History of the Actors Studio*, 2nd edn (Cambridge MA: Da Capo)
Ivanov, Vladislav V. 2006. 'Introduction to "Lektsii Rudolfa Shtainera o dramaticheskom iskusstve v izlozhenii Mikhaila Chekhova. Pisma aktera k V.A. Gromovu"', *Mnemozina: Dokumenty i fakty iz istorii otechestvennogo teatra XX veka: Istoricheskii almanakh*, № 2, ed by V.V. Ivanov (Moscow: Editorial URSS, 2006), pp. 85–91.
Kapsali, Maria. 2010. 'The Use of Yoga in Actor Training and Theatre Making' (unpublished Ph.D. dissertation in Performance Practice [Drama], University of Exeter)
——2010. '"I don't attack it but it's not for actors": The Use of Yoga by Jerzy Grotowski', *Theatre, Dance and Performance Training Journal*, 1. 2: 185–198.
——2013. 'The Presence of Yoga in Stanislavski's Work', *Stanislavski Studies*, 3: 139–150. URL: http://stanislavskistudies.org
Kostiuchenko, V.S. 1977. *Vivekananda* (Moscow: Misl)
Kristi, Grigorii V. 1954. 'Kniga K.S. Stanislavskogo "Rabota aktera nad soboi"' in Stanislavskii, Konstantin Sergeevich, *Sobranie sochinenii v 8 t.*, II (Moscow: Iskusstvo, 1954–1961), p. xviii.
Larionov, M.F. 1913. *Luchism* (Moscow: publisher unknown)
Lobanova, Olga G. 2005. *Pravilnoe dykhanie Olgi Lobanovoi: Pervaia rossiiskaia dykhatelnaia praktika* (St. Petersburg: Nevskii Prospekt)
——2012. *Dyshite pravilno: Uchenie indiiskikh iogov o dykhanii, izmenennoe Zapadom. Amerikanskaia metoda Koflera*, 2nd edn (Moscow: Librokom)
Manderino, Ned. 2001. *Stanislavski's Fourth Level: A Superconscious Approach to Acting* (Los Angeles: Manderino Books)
McCannon, John. 2000. 'In Search of Primeval Russia: Stylistic Evolution in the Landscapes of Nicholas Roerich, 1897–1914', *Cultural Geographies*, 7 (3) July.

McCartney, James. 1978. *Philosophy and Practice of Yoga* (Romford: L. N. Fowler and Co)
Meyerhold, Vsevolod. 1968. *Stati, pisma, rechi, besedy*, 2 vols (Moscow: Iskusstvo)
Osiński, Zbigniew. 2014. *Jerzy Grotowski's Journeys to the East*, (London and New York: Icarus and Routledge)
Poliakova, Elena I. 1977. *Stanislavskii* (Moscow: Iskusstvo)
——2006. *Teatr Sulerzhitskogo: Etika. Estetika. Rezhissura* (Moscow: Agraf)
Ramacharaka. 1904. *Hatha Yoga: or The Yogi Philosophy of Physical Well-Being* (Chicago: Yogi Publication Society). PDF file available at https://archive.org/details/hathayoga00rama
——1906. *A Series of Lessons in Raja Yoga* (Chicago: Yogi Publication Society). PDF file available at https://archive.org/details/seriesoflessonsi00rama
Radischeva, Olga A. 1999. *Stanislavskii i Nemirovich-Danchenko: Istoriia teatralnykh otnoshenii, 1917–1938* (Moscow: Akter. Regisser. Teatr)
Ribot, Théodule. 1897. *Psikhologiia vnimaniia* (St. Petersburg: F. Pavlenkov)
Roach, Joseph. 1985. *The Player's Passion* (Newark: University of Delaware Press)
Rumiantsev, Pavel I. 1969. *Stanislavskii i opera* (Moscow: Iskusstvo)
Schechner, Richard. 1997. 'Exoduction', *The Grotowski Sourcebook*, ed. by Liza Wolford and Richard Schechner (London: Routledge), pp. 462–495.
Shverubovich, Vadim V. 1976. *O liudiakh, o teatre i o sebe* (Moscow: Iskusstvo)
Silanteva, I. and Y. Klimenko. 2000. *Akter i ego Alter Ego* (Moscow: "Graal,")
Simonov, Pavel V. 1962. *Metod K.S. Stanislavskogo i fiziologiia emotsii* (Moscow: Izd. AN SSSR)
——1975. 'Soznanie, podsoznanie, sverkhsoznanie', *Nauka*, 12: 45–51.
——1978. 'Kategoriia soznaniia, podsoznaniia i sverkhsoznaniia v tvorcheskoi sisteme K. S. Stanislavskogo' in *Bessoznatelnoe. Priroda. Funktsii. Metody Issledovanii*, II (Tbilisi: Metsniereba), pp. 518–527.
——1994. '"Sverkhsoznanie" i "sverkhzadacha"' in *Stanislavskii v meniaiushchemsia mire* (Moscow: Blagotvoritelnyi fond K.S. Stanislavskogo), pp. 201–204.
Smeliansky, Anatoly. 1989. 'Professiia – artist' in Konstantin Stanislavskii, *Sobranie sochinenii v 9 t.*, II (Moscow: Iskusstvo), pp. 5–38.
Stanislavski, Constantin. 1936. *An Actor Prepares*, trans. by Elizabeth Reynolds Hapgood (New York: Theatre Arts Books)
——1949. *Building a Character*, trans. by Elizabeth Reynolds Hapgood

(New York: Theatre Arts Books)
——1961. *Creating a Role,* trans. by Elizabeth Reynolds Hapgood (New York: Theatre Arts Books)
Stanislavski, Konstantin. 2008. *An Actor's Work,* trans. by Jean Benedetti (Routledge)
——2010. *An Actor's Work on a Role,* trans. by Jean Benedetti (Routledge)
Stanislavskii, Konstantin Sergeevich. 1954–1961. *Sobranie sochinenii v 8 t.* (Moscow: Iskusstvo)
——1988–1999. *Sobranie sochinenii v 9 t.* (Moscow: Iskusstvo)
——1986. Iz zapisnykh knizhek, 2 vols (Moscow: VTO)
——1987. *Stanislavskii repetiruet. Zapisi I stenogrammy repetitsii,* ed by I.N. Vinogradskaia (Moscow: STD RSFSR)
Strasberg, Lee. 1924. *Notes from the Laboratory Theatre* in the File "Lab Theatre", Archive of the Lee Strasberg Theater and Film Institute (New York)
Sullivan, John.1966. 'Stanislavski and Freud' in *Stanislavski and America* ed. by Erika Munk (New York: Hill and Wang), pp. 88–109.
Sukhanov, S.L. 1915. 'Podsoznanie i ego patologiia', *Voprosy filosofii i psikhologii,* № 26 (128), pp. 362–377.
Sushkevich, Boris M. 1933. Sem momentov raboty nad roliu (Leningrad: Izd. Gos. Akadem. Teatra dramy)
Tagore, Rabindranath. 2004. *Sādhanā* (New York: Doubleday)
Tcherkasski, Sergei D. 2004. *Valentin Smyshliaev – akter, rezhisser, pedagog* (St. Petersburg: SPbGATI)
——2012. 'The Directing and Teaching of Richard Boleslavsky and Lee Strasberg as an Experiment in the Stanislavsky System's Development' (Dissertation for the D. Sc. degree in Theatre Studies, St. Petersburg State Theatre Arts Academy)
——2012. 'Fundamentals of the Stanislavski System and Yoga Philosophy and Practice', Part 1, *Stanislavski Studies,* pp.1–18. URL: http://stanislavskistudies.org/category/issues/issue-1/
——2013. 'Fundamentals of the Stanislavski System and Yoga Philosophy and Practice', Part 2, *Stanislavski Studies,* pp. 190–236. URL: http://stanislavskistudies.org
——2013. 'The System Becomes the Method: Stanislavsky–Boleslavsky–Strasberg', *Stanislavski Studies: e-Journal,* № 3, pp. 92–138. URL: http://stanislavskistudies.org
Tiuliaev, S.I. Date unknown. 'Konkordiia Antarova: M. Strizhenova, iz vospominanii', *Sait Lotosa. Entsiklopediia sovremennoi ezoteriki,* URL: http://ariom.ru/wiki/KonkordijaAntarova
Vakhtangov, Evgenii. 2011. *Evgenii Vakhtangov. Dokumenty i svidetelstva,* 2 vol., ed. by V.V. Ivanovов (Moscow: Indrik)
Vakhtangov, Evgenii. 1984. *Sbornik* (Moscow: VTO)
Vinogradskaia, I.N. 2003. *Zhizn I tvorchestvo K.S. Stanislavskogo: Letopis v 4 t.* (Moscow: MXT)

Wegner, William H. 1976. 'The Creative Circle: Stanislavski and Yoga', *Educational Theatre Journal*, 28, no. 1: 85–89.
White, Andrew. 2006. 'Stanislavsky and Ramacharaka: The Influence of Yoga and Turn-of-the-Century Occultism on the System', *Theater Survey*, 47, no.1: 73–92.
——2014. 'Stanislavsky and Ramacharaka: The Impact of Yoga and the Occult Revival of the System' in *The Routledge Companion to Stanislavsky*, ed. by R. Andrew White (London and New York: Routledge, 2014), pp. 287–304.
Whyman, Rose. 2008. *The Stanislavsky System of Acting: Legacy and Influence in Modern Performance* (Cambridge: Cambridge University Press)
Yogananda, Paramahansa. 1946. *Autobiography of a Yogi* (Los Angeles: Self-Realization Fellowship)

人名索引一覧

[ア]
アイアンガー（Iyengar B. K. S）…………81, 83
アイスキュロス（Aischylos）…………91
アダーシェフ（Адашев А. И.）…………15, 17
アトキンソン（Atkinson W.）※ペンネーム：ラマチャラカ…………73〜75, 127
アドラー（Adler S.）…………17, 145
アリストテレス（Aristoteles）…………118
アルトー（Artaud A.）…………81
アレクセエフ（Алексеев И. К.）…………93
アンガロフ（Ангаров А. И.）…………26, 27
アンタロヴァ（Антарова К. Е.）…………60, 61
[イ]
イヴァーノフ（Иванов В. В.）…………56, 57, 59
[ウ]
ヴィヴェカーナンダ（Vivekananda S.）…………125, 127
ヴィノグラツカヤ（Виноградская И. Н.）…………37, 61, 67, 91, 107
ウェグナー（Wegner W.）…………33
ヴォローシン（Волошин М. А.）…………36
ウスペンスカヤ（Успенская М. А.）…………13, 16, 17, 46〜49
[エ]
エイゼンシュテイン（Эйзенштейн С. М.）…………4
エクゼンプリャルスカヤ（Экземплярская В.）…………43, 44
[オ]
オチャポフスキー（Очаповский А. П.）…………31
小山内薫（おさないかおる）…………6〜8
大島幹雄（おおしまみきお）…………3
[カ]
カーニキ（Carnicke S. M.）…………33, 34, 84, 87, 89〜91, 100, 101, 117, 119, 122, 123, 145
ガイダロフ（Гайдаров В. Г）…………127
カチャーロフ（Качалов В. И.）…………37, 93
カプサーリ（Kapsali M.）…………34, 83
ガレンデエフ（Галендеев В. Н.）…………29, 69, 109
ガンジー（Gandhi M.）…………31, 36
[キ]
ギアツィントヴァ（Гиацинтова С. В.）…………13, 48, 49
ギッピウス（Гиппиус С. В.）…………30, 31, 103

ストリジェノヴァ（Стриженова М.）…………61
ストレイト（Straight B.）…………46
スハーノフ（Суханов С. Л.）…………127, 129, 133
スミルノヴァ（Смирнова Н. А.）…………35, 36
スムイシュラエフ（Смышляев В. С.）…………39, 48, 49
スメリャンスキー（Смелянский А. М.）…………12, 13, 124, 125
スラヴァルディ（Suhrawardi H.）…………91, 93
スリーモフ（Сулимов М. В.）…………49
スレルジツキー（Сулержицкий Л. А.）…………6, 7, 13, 15, 40, 43, 46, 50, 55, 88, 98
[セ]
セーチェノフ（Сеченов И. М.）…………128, 129, 132
[ソ]
ゾーン（Зон Б. В.）…………68
ソロヴィョヴァ（Соловьева В. В.）…………44, 46
ソロヴィヨフ（Соловьев В. С.）…………36, 37
[タ]
タゴール（Tagore R.）…………90, 91, 116
楯岡求美（たておかくみ）…………15
ダマジオ（Damasio A.）…………117, 119
タラーソヴァ（Тарасова А. К.）…………51
ダンカン（Duncan I.）…………50, 51, 142
[チ]
ヂーキー（Дикий А. Д.）…………13, 46, 47
チェーホフ・A（Чехов А. П.）…………6, 15, 39
チェーホフ・M（Чехов М. А.）…………6, 13, 15, 17, 45, 46, 48, 51, 55〜58, 121, 145
チェスリャク（Cieślak R.）…………82
チェルカッスキー（Черкасский С. Д.）…………8, 13, 15, 27, 39, 47, 49, 145
チェンバーズ（Chambers D.）…………145
チュリャーエフ（Тюляев С. И.）…………61
チョールナヤ（Черная Е. И.）…………33, 34, 97
[ツ]
ツルゲーネフ（Тургенев И. С.）…………6, 106
[テ]
ディドロ（Diderot D.）…………10
デミードフ（Демидов Н. В.）…………7, 35, 37
[ト]
ドィボフスキー（Дыбовский В. В.）…………27
ドーヂン（Додин Л. А.）…………92, 93
ドストエフスキー（Достоевский Ф. М.）…………119, 129
トルストイ（Толстой Л. Н.）…………15, 36, 37, 41, 123